D1722827

ERIKA BERGER

DER BETT-KNIGGE

Vom Umgang mit dem
geliebten anderen Geschlecht

ORIGINALAUSGABE

WILHELM HEYNE VERLAG
MÜNCHEN

HEYNE ALLGEMEINE REIHE
Nr. 01/6757

ISBN 3-453-02368-4

Inhalt

Bleiben Sie Ihrem Typ treu!

Kein Mann muß mehr errötend den Spuren seiner Angebeteten folgen, bis er sie da hat, wo er sie haben will: in seinem Bett! Und keine Frau verliert mehr stapelweise feine Spitzentaschentücher, um erotische Signale auszusenden. Dieser Trick hat sicherlich einmal unseren Großmüttern einen heißen Flirt beschert. Aber wir, wir haben doch heute ganz andere Möglichkeiten!

Vorbei sind auch die Zeiten, wo man liebeshungrig um die Häuser schleicht. Man ›baggert‹ keine Frau mehr an, und man ›schleppt‹ auch keine Typen mehr ab. Zum Glück verläßt man sich heute nicht mehr auf den Zufall. Denn ganz ehrlich, manchmal hat man sich bei derartigen Nacht- und Nebelaktionen ganz schön vergriffen!

Überall – zu jeder Tages- und Nachtzeit – lernt man sich kennen und kann sich sagen, was man will. Aber alles in netter Form, das versteht sich von selbst.

Bevor Sie aber Ihre Liebessignale aussenden, denken Sie an zwei Dinge, die Ihnen das Leben leichter machen: Bleiben Sie erstens auf jeden Fall Ihrem Typ treu! Wenn Sie als Mann auf die kühle Blondine stehen, dann hat es ganz wenig Sinn, einen rassigen, dunkelhaarigen Carmentyp anzupeilen. Und wenn Sie als Frau den smarten Sonnyboy bevorzugen, bringt Sie ein cooler Anzugtyp Marke ›Manager‹ ganz bestimmt nicht weiter. Haben Sie dann den Mann oder die Frau ausfindig gemacht, den oder die Sie unbedingt kennenlernen wollen, dann vergewissern Sie sich zweitens mit einem geübten Rundumblick, ob er oder sie auch wirklich allein unterwegs ist.

Jetzt sagen Sie bitte nur nicht: »Ist ja alles recht und schön, aber da, wo ich bin, da lerne ich niemanden kennen.« Stimmt nicht. Überall geht das! Sie müssen nur wollen. Also – nur Mut und setzen Sie Ihre Schokoladenseite ins richtige Licht.

Kennenlernen – geht überall, ganz einfach

Die Frage, wo man sich am schnellsten kennenlernen kann, ist sehr einfach beantwortet: auf der Straße, ganz klarer Fall! Es ist überhaupt nicht kompliziert, und wenn der Versuch tatsächlich scheitert, dann kann man weitergehen, so als wäre überhaupt nichts passiert. Aber bitte, machen Sie niemals ›Überfälle‹. Versuchen Sie immer mit dem Wesen, das Sie so brennend interessiert, in Augenkontakt zu kommen. Denn, hat man sich erst mal beäugt, fällt einem auch ein mehr oder weniger guter Spruch ein.

Die erste Hürde für eine Bekanntschaft – ganz gleich, wie lange sie später dauern wird – ist genommen.

Bleibt nur noch die Frage nach dem ›Wie lerne ich jemanden kennen?‹ zu beantworten. Eines sei aber gleich vorweg noch gesagt: Die schnelle ›Anmache‹, besonders auf der Straße, ist heute nicht mehr gefragt. Sätze wie: »Haben wir uns nicht schon mal gesehen?« ernten bestenfalls ein müdes Lächeln. Einfallsreichtum, Höflichkeit, Humor, Köpfchen und Charme sind heute wieder gefragt.

Daß die ›Höflichkeitstour‹ Erfolg hat, das hat die Münchner Soziologin Gisela Pöck herausgefunden: Sie befragte 2300 Frauen aller Altersgruppen: »Wann würden Sie mitgehen, wenn ein Mann Sie auf der Straße anspricht?« Das Ergebnis war überraschend: Beim Eis schmelzen die Frauen dahin. 89 Prozent würden dazu ja sagen. Zum Kaffee kämen 80 Prozent mit, beim Glas Wein sind es nur noch 21 Prozent. Und ins Kino würden sich nur 17 Prozent einladen lassen.

Mit welcher Masche also haben die Männer heute am ehesten Erfolg? Diplompsychologin Sibille Weber aus Hamburg rät dringend: »Bleiben Sie Mensch, zeigen Sie Gefühle und geben Sie auch Schwächen zu. Die Siegermasche à la Heinz-Rühmann-Lied ›Mir braucht nur eine ins Auge zu schaun, und schon ist sie hin‹, die funktioniert schon lange nicht mehr!«

Also — bleiben Sie Mensch und versuchen Sie Bekanntschaften auf der Straße locker zu gestalten:

● Helfen Sie ihr, wenn sie versucht, in eine enge Parklücke zu fahren. Sagen Sie ihr mit einem Lächeln, daß Sie gerne bereit sind, ihr jeden Tag dabei zu helfen. Aber sagen Sie nie, daß Frauen sowieso zu dumm sind, Auto zu fahren.

● Wenn sie mit unzähligen Tüten und Taschen beladen aus einem Supermarkt kommt, nehmen Sie ihr einige Tüten ab. Aber vorsichtig, sonst denkt sie an Straßenräuber! Fragen Sie freundlich: »Wo darf ich alles hinbringen?«

● Gehen Sie auf sie zu, wenn sie mit einem Stadtplan bewaffnet hilflos auf der Straße steht. Bieten Sie Ihre Hilfe an und sagen Sie etwa so: »Sie sehen aus wie aus dem Nest gefallen, kann ich Ihnen helfen?«

● Und wenn Sie eine Frau so unwiderstehlich finden, daß Sie sie unbedingt in den Arm nehmen müssen, dann tun Sie es. Aber bitte nur für Sekunden! Sie können sich ja mit dem Satz entschulden: »Ich mußte Sie einfach kennenlernen, mir ist nichts Besseres eingefallen.«

Meine Herren, Sie wissen, was ich meine! Gehen Sie immer direkt auf Ihr Ziel los, ohne darüber hinauszuschießen. Und noch etwas: Breiten Sie nicht gleich Ihr ganzes Leben vor ihr aus. Wenn sie erst einmal angebissen hat, dann haben Sie dazu noch genug Zeit.

Daß Frauen zu warten haben, bis sich ein Mann für sie interessiert, ist glücklicherweise ein alter Hut von gestern.

Sehen Sie einen Mann auf der Straße, der Ihnen gut

gefällt, dann machen Sie sich bemerkbar, lassen Sie es ihn wissen. Ungefähr so:

- Ein Mann steht an der Bushaltestelle, Sie kommen mit Ihrem Auto angedüst. Fenster runterkurbeln und einfach fragen: »Kann ich Sie mitnehmen?« Das Angebot wird er sicher nicht abschlagen.
- Er spurtet eilig an Ihnen vorbei. Sie wollen ihn aber unbedingt kennenlernen. Dann Beeilung und lassen Sie Einkaufskorb oder Handtasche direkt vor seine Füße fallen. Er geht sicher in die Knie, um alles einzusammeln.
- Laufen Sie auf ihn zu, umarmen Sie ihn, begrüßen Sie ihn wie einen alten Bekannten. Dann müssen Sie aber ein erschrockenes Gesicht machen. So ein Irrtum! Ihm ist das hundertprozentig nicht peinlich.
- Sie sehen ihn vor dem Schaufenster einer Herrenboutique. Stellen Sie sich interessiert daneben und fragen Sie ihn, ob er einen Pulli, den Sie für Ihren Bruder kaufen wollen, einmal anprobieren würde. Aus dieser kleinen Modesache wird bestimmt mehr!

Sie sehen also, auch für Frauen gibt es genug Möglichkeiten, einen Mann völlig unkompliziert auf der Straße kennenzulernen. Aber eines dürfen Sie bitte niemals vergessen: Männer mögen alles — nur eines mögen sie überhaupt nicht, und das sind aufdringliche Frauen. Allerfeinstes Fingerspitzengefühl ist angesagt.

Sich am gemeinsamen Arbeitsplatz kennenzulernen ist zwar nicht unüblich, aber ehrlich gesagt ziemlich langweilig. Anstrengen muß sich da keiner besonders, denn man ist ja täglich mindestens acht Stunden in ein und derselben Firma tätig. Trotz allem ist Anbandeln in der Firma recht kompliziert. Zum einen schätzen es die meisten Chefs nicht, wenn sich ihre Angestellten privat zu gut kennen und möglicherweise irgendwann sogar lieben. Zum anderen macht der Kollegentratsch und der Kollegenneid jede Verbindung gleich im Ansatz kaputt! Sie wissen schon, wo ich hinaus will: Jeder weiß etwas

Spektakuläres von Herrn Huber (Der ist doch verheiratet!!!) und bestimmt auch etwas Delikates von Frau Meier (Die macht sich an jeden ran!).

Sei's drum, wenn Sie doch eine Kollegin oder einen Kollegen haben, hier brauchen Sie keine besondere Anleitung. Eine Einladung zum Eis oder zum Bier nach Büroschluß, ein Blumenstrauß auf dem Schreibtisch oder eine besonders liebevoll zubereitete Tasse Kaffee sprechen für sich selbst.

Nur bitteschön, nicht zuviel in der Firma turteln, das bringt wirklich nur Ärger!

Kneipen, Bars und Diskotheken, das sind Kennenlernplätze, wo es nicht besonders schwierig ist. Man braucht aber mehr als nur einen forschen Blick und ein umwerfendes Lächeln. Ein bißchen Persönlichkeit und Selbstbewußtsein wird hier schon gefordert.

Zuerst einmal ist es ganz wichtig, daß Sie die Lage vollkommen überblicken. Wer sitzt oder wer steht wo? Haben Sie Ihr ›Opfer‹ gefunden, dann nichts wie hin.

Ein Wort zuerst zu den Diskotheken: Hier trifft man sehr oft Frauen alleine. Wenn Sie allerdings sehr schüchtern sind, dann ist es kein sehr guter Platz, um jemanden näher kennenzulernen. Denn mehr als ein ›Hallo!‹ und schweißtreibende Verrenkungen auf der Tanzfläche sind oft nicht drin. Die Frauen, meist in Begleitung ihrer Freundinnen, wollen wirklich nur tanzen. Mehr nicht. Sie sind auch an einem Date für den nächsten Abend total uninteressiert.

Männer in Diskotheken verhalten sich da übrigens sehr ähnlich. Dagegen ist die Stimmung in Kneipen und Cocktail-Bars immer locker und genau richtig zum Kennenlernen! Jeder redet gerne mit jedem. Das ist übrigens die beste Möglichkeit, um ›einzusteigen‹. Nur vorher ein bißchen zuhören. Denn ein falscher Einsatz zum falschen Moment macht alle Chancen kaputt. Es ist doch eigentlich fast nicht zu glauben, daß es heute immer noch Frauen gibt, die Angst haben, alleine in eine Kneipe zu gehen. Immer wieder hört man als Grund: »Ich habe Angst, daß mich niemand anspricht«, »Ich habe Angst, daß Männer mich als Freiwild betrachten.« Alles dummes Zeug, nichts von dem wird passieren, wenn Sie selbstbewußt auftreten! Sie können einen Mann zu einem Bier einladen, wenn er muffelig neben Ihnen sitzt.

Sie können ihn natürlich auch fragen, ob er mit Ihnen etwas ißt, denn alleine ist es zu langweilig.

Und wenn in der Kneipe ein Flipper steht oder ähnliche Spielautomaten vorhanden sind, können Sie als Mann eine Frau doch locker zu einem Zweikampf herausfordern.

In Cafés oder besser gesagt in Straßencafés − hier ruhen sich Frauen sehr gerne nach einem anstrengenden Einkaufsbummel aus − ist das Kennenlernen einfach. Der letzte freie Platz an einem sowieso viel zu kleinen Tisch bringt Sie einander zwangsläufig näher. Wenn Sie dann immer noch nicht wissen, wie Sie am besten ins Gespräch kommen, dann machen Sie bitte keinen Fehler! Eine ›aus Versehen‹ umgeschüttete Tasse Kaffee bringt nichts − nur Ärger.

Wenn Sie also eine Frau angepeilt haben, die erschöpft inmitten ihrer Pakete sitzt, dann fragen Sie doch: »Für wen haben Sie denn das alles eingekauft?«

Wenn sie eine Tragetasche einer bekannten Boutique dabei hat, dann sagen Sie ungefähr so: »Lassen Sie mich raten, Sie haben bestimmt ein blaues Kleid gekauft. Das paßt zu Ihren Augen.«

Wenn der Mann neben Ihnen stumm wie ein Fisch an seiner Tasse nuckelt, dann ermuntern Sie ihn mit einem strahlenden Lächeln: »Ihre Laune wird sofort besser, wenn Sie Schokoladentorte essen.«

Oder fragen Sie ihn, ob er Kleingeld für den Zigarettenautomaten wechseln kann, weil die Bedienung das schon wieder vergessen hat.

Und wenn Ihnen überhaupt nichts anderes einfällt, nehmen Sie eine Zigarette und bitten Sie ihn um Feuer!

Parties, Cocktail-Empfänge und ähnliche Geselligkeiten sind nicht dazu da, um jemanden kennenzulernen, der ›alleinstehend‹ ist. Frauen gehen nie alleine zu derartigen Festen, und Männer kommen immer in Begleitung einer Frau, schon aus Angst, daß es ihnen zu langweilig werden könnte. Er weiß ja, daß andere ›Frei-Frauen‹ nicht geboten sind! Außerdem sind derartige Geselligkeiten häufig nicht immer nur privat. Also hier gilt: Hände weg von Männern und Frauen! Sonst gibt's nur Ärger. Stellen Sie sich bitte vor, Sie verwickeln die Frau Ihres Chefs (die sie vorher natürlich nicht kannten) in ein verfängliches Gespräch. Oder Ihr Chef flirtet mit Ihrer Frau, und sie hat keine Ahnung, wer er ist. Katastrophe!

Wenn Sie Ihren Traummann oder Ihre Superfrau in einem Restaurant sehen und unbedingt kennenlernen wollen, dann gilt hier auf jeden Fall Zurückhaltung und Taktgefühl. Einfach undenkbar, über zwei Tische zu brüllen oder sich an ihren oder seinen Tisch zu setzen, ohne zu fragen!

Im Restaurant ist Augenkontakt wichtig. Gesten, Lächeln und Körperhaltung verraten Ihnen ganz schnell, ob er oder sie an einem Gespräch interessiert ist.

Keine Frau wird böse sein, wenn sie ein Kärtchen mit einer Einladung zu einem Essen direkt überreicht bekommt. Und Sie, als emanzipierte Frau, können ihm ein Glas Wein oder Champagner bringen lassen. Er wird bestimmt sehr überrascht und erfreut reagieren!

Natürlich gibt es noch hundert andere Plätze und Möglichkeiten mehr, um einen Mann oder eine Frau kennenzulernen. Und wie man das anstellt, das ergibt sich sehr oft aus dem Moment heraus. Ich wollte Ihnen nur aufzeigen, wie Sie es anstellen können, um vorteilhaft auf sich aufmerksam zu machen.

Sie werden bestimmt jetzt schon gemerkt haben, daß das alles gar nicht so schwierig ist. Und wenn es erst mal geklappt hat, dann beginnt die zweitschönste Sache der Welt: Jetzt können Sie flirten, auf Teufel komm raus. Genießen Sie diesen wunderbaren Zustand!

Flirten — gewußt wie

Vom Flirten verstehen Frauen meist sehr viel mehr als Männer! Meine Herren, sagen Sie jetzt bloß nicht: stimmt nicht. Sie wissen es, daß es so ist.

Frauen können sich mit Blicken und mit ihrem ganzen Körper dezent in Szene setzen, wenn ein Mann sie interessiert, und dabei trotzdem ganz unverbindlich bleiben! Denn das Schöne an diesem Spiel ist, man kann alles gewinnen, ohne sich dabei etwas zu vergeben oder sich nachhaltig die Finger zu verbrennen. Wie man bei diesem Spiel Sieger bleibt, das kann man ohne Schwierigkeiten lernen. Das gilt übrigens für den Mann und für die Frau. Denn beide verhalten sich in dieser Situation sehr ähnlich.

Was ist ein Flirt eigentlich ganz genau? Sie wissen es nicht?

Ein Flirt ist eine besonders verspielte Situation voller Lebensfreude, Beschwingtheit und erotischem Reiz. Man fühlt sich frei, entspannt und angeregt. Mit einem Wort: ein Hochgefühl wie ein Schwips nach etwas zuviel Champagner! Vor allem aber, man fühlt sich bestätigt. Da ist jemand, der mit einem Lächeln signalisiert: »Ich finde Sie attraktiv!«

Flirten beflügelt die Fantasie. Alles ist möglich. Aus einem Flirt kann Verliebtheit oder sogar die große Liebe werden. Oder auch gar nichts! Dann war es nur ein herrlicher Augenblick, der Ihnen den Tag verschönte. Ein Grund mehr, öfter mal ein Auge zu riskieren. Denn mit den Augen fängt ein Flirt an.

Stellen Sie sich vor, Sie haben gerade jemanden kennengelernt, ihn zum Ich-weiß-nicht-was eingeladen. Und nun sitzen Sie sich sprachlos gegenüber. Mit den Augen kann man sich doch erst mal eine ganze Menge mitteilen!

Oder nehmen wir an, Sie haben gerade in einer Diskothek einen Mann entdeckt, der Ihnen gefällt. Leider fehlt

Ihnen der Mut, ihn anzusprechen. Was tun Sie also? Sie versuchen ihn mit Blicken zu fesseln. Es funktioniert, ich hab's oft probiert. Nur, wenn er dann reagiert, halten Sie seinem Blick unbedingt stand. Wer nämlich schon beim ersten intensiven Augenkontakt verschämt weggguckt oder angestrengt die auffordernde Botschaft übersieht, signalisiert Ablehnung.

Und das wollen Sie hoffentlich nicht! Wenn einer von Ihnen diesen ersten Augenkontakt ignoriert, dann spielt sich nichts ab. Wo das Auge am längsten verweilt, das entlarvt die geheimen Wünsche und Absichten:

Bei rein sexuellem Interesse gucken die Männer einer Frau ein paar Sekunden länger auf Busen, Hüften und Beine. Die Augen sind nicht so wichtig.

Wenn es einer Frau nur ums Bett geht, bleibt ihr Blick ein paar Sekunden länger an seinem Mund hängen. Die Augen werden nur flüchtig gestreift. Bei sinnlich-erotischem Interesse wandert der Blick immer wieder vom Körper zu den Augen.

Die nächste Spielregel beim Flirten heißt Lächeln!

Das zeigt ihm, daß er Ihnen gefällt. Das macht ihn sicher. Und er traut sich — falls er ein Mann ist, der noch glaubt, daß *er* den entscheidenden Schritt tun muß —, mit Ihnen ein Gespräch anzufangen. Und das ist dann der Moment, wo's kritisch wird. Denn jetzt merken Sie, wen Sie da die ganze Zeit angeflirtet haben. Hat er einen Ton am Leib, daß Ihnen buchstäblich die Ohren abfallen, dann müssen Sie sich blitzschnell aus der Affäre ziehen! Bewahren Sie aber Haltung und bleiben Sie auch in dieser Situation Dame! Reden Sie mit ihm ein paar Belanglosigkeiten — meinetwegen übers Wetter — und verschwinden Sie blitzschnell aus seiner Nähe. Überhaupt nicht auf ihn zu reagieren, das wäre gemein. Schließlich haben Sie ihn ja durch Ihr Verhalten herausgefordert, Sie anzusprechen.

Das selbsteingebrockte Süppchen müssen Sie schon auslöffeln.

Hat er aber eine Stimme, die Ihnen buchstäblich unter die Haut geht, und gefällt er Ihnen aus der Nähe betrachtet so gut wie aus der Entfernung, dann ist alles geritzt. Jetzt muß es Ihnen nur gelingen, soviel Nähe und Intimität wie möglich herzustellen. Und das immer in der richtigen Dosierung, ohne plump-vertraulich zu wirken. Ein leeres Glas, das nachgefüllt werden muß, oder eine Zigarette, für die Sie Feuer brauchen, haben schon manchen Flirt recht flott in Gang gebracht. Besonders dann, wenn Sie dabei Ihre Hand leicht auf die seine legen. Versteht sich von selbst, daß das alles ganz beiläufig aussehen muß. Und noch etwas: Rücken Sie ruhig etwas näher an ihn heran, wenn Sie mit ihm reden. Wenn er nicht erschrocken abrückt, dann haben Sie gewonnen.

Die hohe Kunst des Flirtens besteht darin, daß man dem anderen Zeichen gibt. Und dabei spielt die Körpersprache eine große Rolle:

Also, wie Sie gehen, wie Sie Ihre Haare aus dem Gesicht streichen, mit der Zungenspitze Ihre Lippen befeuchten, mit der Hand über Brust und Oberschenkel streichen, wie Sie Ihren Mund bewegen und wie Sie in Ihrer Tasche kramen (besonders aufschlußreich, denn Taschen sind für uns Frauen doch so etwas wie eine Intimzone). Alle diese fast unbewußten Gesten und Bewegungen zeigen, ob Sie an jemandem interessiert sind.

Ihre Körpersprache muß aber immer diskret bleiben. Man kann nämlich auch ohne Worte eine ganze Menge Porzellan zerschlagen! Wenn Sie zum Beispiel folgendes tun: Sie sitzen in einer Kneipe, strahlen Ihren Nachbarn offen an, spreizen Ihre Beine und sagen dann ganz unverblümt: »Du bist mein Typ — warum sitzen wir eigentlich hier herum und vergeuden unsere kostbare Zeit?«, wissen Sie, was nach einer solchen Ansprache passiert? Der Mann ist so verschreckt, daß er in wilder Panik wegläuft!

Dagegen hat der englische Verhaltensforscher Dr. Desmond Morris die Körpersprache von uns Frauen, wenn wir, wie er sagt, ›flirtbereit‹ sind, genau beobachtet:

Sie schaut dem Mann länger als ›anständig‹ in die Augen. Sie lächelt mit leicht geöffnetem Mund und betrachtet verschiedene Körperteile des Mannes (Sie wissen schon welche!!). Sie schiebt die Hüften vor, entspannt die Beine ganz leicht. Geschlossene Knie und aneinandergepreßte Oberschenkel dagegen signalisieren der Umwelt: ›Ich habe keinen Bock auf Flirt.‹ Denn — findet eine Frau einen Mann auf den ersten Blick unsympathisch, verspannt sich ihre Körperhaltung. Wenn die Rückkopplung fehlt, verpufft natürlich auch der glühendste Liebesblick. Einleuchtend!

Sie sehen schon, Flirten muß wirklich gelernt sein. Und da gibt's natürlich auch einige ›Hilfen‹. Man kann seine Visitenkarte mit Privat-Telefonnummer weitergeben. Da fühlt sich niemand auf den Schlips getreten. Eine ganz schlechte Eigenschaft ist die, wenn man auf einen abgerissenen Zettel nur die Büronummer kritzelt und sie mit der Bemerkung: »Ich warte auf Ihren Anruf!« weitergibt. Heißer Tip: solche Zettel sofort wegwerfen. Ganz gleich, von wem man ihn bekommen hat. Rentiert sich nicht, auch noch 20 Pfennige fürs Telefonieren auszugeben.

Witzig sind dagegen Streichholzbriefchen, die ›Flirti's‹! Da kann man ganz nebenbei eine vorgedruckte Nachricht über den Tresen schieben oder auf Handtaschen kleben. Mit Hinweisen wie: ›Nur Mut‹! oder ›Meine Telefonnummer gebe ich auf Anfrage.‹ oder ›Ich weiß genau, woran Sie denken!‹ Damit stürzt man sich sofort in einen Flirt, und die Männer sind glücklich, daß nicht immer sie den Anfang machen müssen.

Übrigens: Die ›Flirti's‹ dürfen auch von den Herren der Schöpfung benutzt werden. Wir freuen uns auch darüber.

Ich habe jetzt fast nur davon gesprochen, wie wir Frauen uns in Szene setzen, wie wir versuchen, den Mann, der uns gefällt, einzufangen. Haben Sie sich schon mal ernsthaft darüber Gedanken gemacht, wie Männer sich ins richtige Licht setzen − das können sie nämlich ganz erstklassig! Ich hab's schon sehr oft beobachtet, in Kneipen oder einfach nur bei einem Umtrunk bei Freunden. Sie haben das ganz bestimmt auch bemerkt: Er lehnt sich bei Partys zum Beispiel gerne an die Wand, dabei stützt er sich nur mit einer Hüfte ab, beide Daumen in den Hosenbund gesteckt. Sieht sehr lässig aus!

Ist er Raucher, spielt er mit seiner Zigarette, raucht hastiger oder führt sie zum Mund, ohne zu ziehen. Oder er streichelt sie unbewußt mit dem Finger. Das soll soviel heißen wie: ›Ich finde Sie anziehend.‹

Es kann aber auch sein, daß er sich beim Zuknöpfen seiner Jacke wohlig reckt − ohne Rücksicht auf Zuschauer. Er meint damit: ›Na, wie wär's mit uns?‹ Meine Freundin, eine sehr erfahrene Partygängerin, hat für all diese Anzeichen einen wunderschönen Satz. Sie sagt dann immer: »Meine Güte, schau hin, der gockelt aber wieder.«

Abgesehen vom ›Gockeln‹ kommen uns die Männer ab und zu ganz schön frech, wenn sie flirten! Und das, finde ich, ist gar nicht das schlechteste! »Na, Sie sehen heute aber herausgeputzt aus. Gibt es denn Ihren Pulli auch in Grün?« Wenn Ihnen so etwas passiert und Sie wissen ganz genau, daß Sie heute Ihren roten Pulli anhaben, dürfen Sie sich nicht verunsichern lassen, meine Damen. Denn aus der Tatsache, daß er auf Sie zugeht, spricht Interesse, auch wenn es zuerst recht aggressiv klingt. Wenn Sie dann nach einer geeigneten Antwort suchen, nach einem gepfefferten Satz, den Sie ihm an den Kopf werfen können, finden Sie sich vielleicht schon nach wenigen Minuten im schönsten Flirt. Und in dieser etwas bissigeren Spielart kann so ein Flirt sogar noch weitaus prickelnder und amüsanter sein als sonst. Aber eines muß trotzdem noch gesagt werden: Männer erleben beim Flirten immer wieder große Enttäuschungen, weil sie wirklich unschuldige Signale als sexuelle Botschaften mißverstehen. So halten es zum Beispiel Männer für ein eindeutiges Angebot, wenn Frauen durchsichtige Blusen oder einen aufreizenden Rock tragen. Männer fühlen sich durch reizvolle Aufmachungen sexuell angesprochen.

Sie sehen, beim Flirten ist eigentlich alles erlaubt — wenn auch manchmal mit Vorsicht —, was Spaß macht. Vergessen Sie nie: immer locker bleiben. Denn wenn Sie sich gegenseitig nur anstarren wie die berühmte Schlange das Kaninchen, dann ist alles verdorben.

Das erste Rendezvous — nichts überstürzen

So, nun wissen Sie ja endlich, wenigstens ein bißchen, wen Sie sich da angelacht haben. Sie haben doch hoffentlich nicht vor lauter Aufregung vergessen, Telefonnummern und Adressen auszutauschen?! Und nun haben Sie natürlich den ganz verständlichen Wunsch, mit Ihrem Super-Flirt endlich mal alleine zu sein! Aber jetzt ist wieder mal Vorsicht angesagt!

Nehmen Sie sich Zeit, sich kennenzulernen. Was ich damit meine? Ganz einfach: Fallen Sie nicht gleich mit der Tür ins Haus — auch wenn Sie das am liebsten tun würden. Beschnuppern Sie sich erst mal — in aller Ruhe.

Das allererste Treffen sollte deshalb an einem möglichst neutralen Ort stattfinden (ein Restaurant oder Café). Und noch eins: Reden Sie nicht gleich von großer Liebe, erzählen Sie nicht sofort von Ihren Problemen, das verschreckt nur. Und: Machen Sie nicht irgendwelche Besitzansprüche geltend. Denken Sie daran, Sie haben sich ja gerade erst kennengelernt. Das ist wirklich noch viel zu früh. Also, langsam, Schritt für Schritt vorgehen.

Angenommen, Sie hatten an dem Tag oder Abend, an dem Sie sich kennenlernten, schon genügend Zeit, sich näherzukommen, dann gibt es überhaupt keine Frage, wann oder wo Sie sich treffen. Sie sind bereits soweit, daß Sie sich treffen können, wann und wo es Ihnen gefällt.

Sind Sie sich allerdings erst flüchtig begegnet, hatten eben gerade soviel Zeit, um sich die wichtige Telefonnummer zu geben, dann müssen Sie sich schon genau überlegen, wie Sie das erste richtige Zusammentreffen arrangieren. Vorausgesetzt, Sie haben dazu überhaupt noch Lust; denn es kann ja passieren, daß Sie, nach einem Telefonat z. B. feststellen, daß sie oder er doch nicht auf der absoluten Wellenlänge liegt wie angenommen. In so einem Fall gibt es nur eins: Sagen Sie ganz klar, daß Sie an einem Wiedersehen nicht interessiert sind. Es ist doch ausgesprochen dumm, sich zum Mittagessen oder zu einem Drink am Nachmittag zu verabreden, wenn man sich selbst damit nur quält. Eben — weil man mit ihm oder ihr einfach keine Lust hat.

Ich gehe jetzt davon aus, daß Sie Lust haben und immer noch begeistert sind!

Wer nun wen einlädt oder wer den Vorschlag macht, wo man sich trifft, das ist wirklich völlig egal. Kein Mann wird etwas dabei finden, wenn Sie ihn in Ihr Lieblingslokal einladen — weil Sie es dort so gemütlich finden.

Ansonsten überlassen Sie die Wahl des Treffpunktes ruhig ihm. Denn auch daran, wo er Sie hinführen möchte, können Sie schon erkennen, wer er ist und welches Interesse er wirklich an Ihnen hat.

Wenn er Sie dazu einlädt, mit ihm in den Reitstall zu gehen, weil er unbedingt sein Pferd noch bewegen muß, dann Achtung! Er will nur imponieren. Sie sind blitzschnell zum Pferdeknecht degradiert! Und nach getaner Arbeit gibt's dann mit den Reiterkollegen das Bier aus der Flasche und eine Stulle mit Schmalz auf die Hand! Langweilig!!

Will er mit Ihnen in seine Stammkneipe an der Ecke, dann vergessen Sie ihn sofort und nehmen diese Einladung erst gar nicht an!

Wenn er ein Frischluftfanatiker ist und Sie zum Spaziergang im Wald einlädt, dann ist er schlichtweg ein Geizhals. Denn ganz ehrlich, nach einer gemütlichen Brotzeit kann man ja immer noch spazierengehen.

Lädt er Sie zum Kino, ins Konzert oder Theater ein, dann ist das sicherlich sehr lieb. Aber reden kann man da nicht miteinander. Man kann höchstens Händchen halten. Und das ist doch recht wenig. Wenn Sie hinterher noch zum Essen gehen, kann es gemütlich werden!

Gehen Sie aber nicht gleich am ersten Abend in seine Wohnung. Hier haben Sie es nämlich wirklich schwer, ihm klarzumachen, daß Sie wirklich nur ein Glas Wein mit ihm trinken wollen und mehr nicht!

Laden Sie einen Mann auch nicht sofort in Ihre Wohnung ein. Und versuchen Sie ihm auch nicht zu demonstrieren, was Sie für eine gute Hausfrau und Köchin sind. Da geht die ganze Stimmung zum Teufel. Denn ein Muttchen mit Schürze am Herd – daran hat er mit Sicherheit kein Interesse.

Sie merken schon, am besten ist es wirklich, Sie suchen sich einen vollkommen neutralen Ort zum ersten Rendezvous aus. In einer angenehmen und entspannten Atmosphäre können Sie dann wirklich ein paar sehr nette Stunden verbringen. Und das erste Gespräch, so ganz ohne Störung, das ergibt sich dann von selbst. Sagen Sie jetzt bitte nicht, meine Güte, ich weiß das doch selber. Ich will Ihnen ja nur ein paar Anregungen geben, für den Fall, daß Ihnen vor lauter Nervosität überhaupt nichts einfällt.

Denken Sie auch daran: Das Gespräch muß in Schwung kommen! Beginnen Sie auf jeden Fall so, daß Ihr Gegenüber mehr sagen muß als nur ›ja‹ oder ›nein‹. Das ist doch klar, oder? Ein Gespräch anzufangen ist einfach, wenn man gemeinsam die Speisekarte studiert – es kann auch die Getränkekarte sein.

● Ob Sie ihr über eine Ausstellung erzählen, die gerade eröffnet wurde,

- ob Sie ihr von dem Film erzählen, den Sie sich gerade vorgestern angesehen haben,
- ob Sie ihn dazu bringen, mit Ihnen über Gäste im Lokal zu lästern (das ist zwar gemein, aber gemeinsames Lachen überbrückt Unsicherheiten) oder
- ob Sie, wenn Sie einen Hund oder eine Katze oder ein Kaninchen zu Hause haben, mal über Ihre Tiere sprechen. Wenn er dann sagt, daß er Katzen nicht ausstehen kann, wissen Sie, daß Ihr Liebling ausquartiert werden muß. Allerdings nur, wenn Sie ihn irgendwann zu sich nach Hause einladen wollen!

Wenn das Gespräch sehr zäh in Schwung kommt, dann reden Sie doch erst mal über das Restaurant, in dem Sie sitzen! Es hilft...

Daß man im Eifer des Gefechts oft über Dinge spricht, die man besser nicht gesagt hätte, das wissen Sie bestimmt auch. Und damit Ihnen das nicht gleich am ersten Abend passiert, sage ich Ihnen einige Themen, über die Sie auf keinen Fall sprechen sollten! Wenn Sie sich erst mal länger kennen, dann müssen Sie nicht mehr so viel Rücksicht nehmen. Man kann den anderen dann richtig einschätzen.   Also bitte — niemals über:

- Ihre verflossenen Liebschaften. Schimpfen Sie nicht über Ex-Ehefrau oder Ex-Ehemann. Kommen Sie niemals mit der Redensart: »Sie sind so ganz anders, meine Frau versteht mich nicht!« Da müssen ja sofort alle Alarmklingeln losgehen!
- das Alter — das kann auch ungute Folgen haben, wenn das Gespräch ungefähr so verläuft: »Sie sehen wirklich noch gut aus, abgesehen von den vielen Falten um Ihre Augen. Aber die kommen bestimmt vom Lachen.«
- Geld oder Geschäfte — das geht niemanden etwas an.
- Krankheiten und sonstige Gebrechen. Daß gerade Ihre Lieblingsnachbarin gestorben ist, interessiert eigentlich auch nur Sie.

- das Wetter — weil das das langweiligste Thema der Welt ist.
- Ihren Chef und den Ärger, den Sie mit ihm haben.
- die neuen Kleider, die Sie sich gerade kaufen müssen.
- Ihre Familie oder die Streitigkeiten mit Ihren Eltern.
- Ihre eigenen Schönheitsfehler. Sonst merkt er tatsächlich sofort, daß Sie eine zu große Nase, einen Silberblick, vorstehende Zähne oder große Füße haben. Muß ja nicht sein. Gleich am ersten Abend!
- Schönheitsfehler der Männer, wie Segelohren, Stirnglatze, Bauchansatz und Boxernase — wenn er derartige ›Mängel‹ aufweist!
- Ihre Kinder und Erziehungsprobleme — falls Sie welche haben.
- Filmschönheiten wie Bo Derek, Sophia Loren oder Britt Eklund oder Supermänner wie Robert Redford, Julio Iglesias, Richard Geere und Jack Nicholson.
- Ihre Schlafstörungen und Schlafgewohnheiten. Es führt hundertprozentig zu Mißverständnissen, wenn Sie den Mann gleich nach dem Aperitif so ganz nebenbei fragen: »Was mich wahnsinnig interessiert, schnarchen Sie eigentlich?« Ich meine, Sie merken es noch früh genug, ob er schnarcht. Dann können Sie ja immer noch etwas dagegen tun!

Kluge Frauen sollten am ersten Abend lieber ihn reden lassen. Er soll Ihnen von sich erzählen, bevor Sie allzuviel von sich verraten. Bleiben Sie lieber ein paar Stunden länger geheimnisvoll. Fragen Sie ihn nach seinen Hobbys und interessieren Sie sich dafür, welche Musik er mag, welche Bücher er liest und welche Filme er bevorzugt. Das ist ganz sinnvoll, denn stimmt sein Geschmack überhaupt nicht mit Ihrem überein, dann hat es nicht viel Zweck, eine Bekanntschaft mit ihm festigen zu wollen. Wenn die ›Wellenlänge‹ stimmt, dann ist es hervorragend, und einer engeren Beziehung steht nichts im Wege.

Aber denken Sie bitte immer daran: Eine gute Beziehung muß langsam wachsen — also nichts überstürzen!

Weil wir gerade dabei sind, was Sie am ersten Abend tun sollen und was nicht — trinken Sie nicht zu viel! Ich weiß, es steht mir überhaupt nicht zu, Ihnen vorzuschreiben, wieviel Sie trinken sollen. Und ich will Sie auch nicht damit langweilen, welche bösen Folgen übermäßiger Alkoholgenuß haben kann. Eines passiert aber auf jeden Fall: Ihr erster Abend wird ganz bestimmt vorzeitig enden. Deshalb will ich diejenigen warnen, die noch keine so großen Erfahrungen mit Alkohol gemacht haben: Testen Sie Ihre Trinkfestigkeit nicht am falschen Ort und schon gar nicht mit den falschen Leuten! Und überhaupt nicht beim ersten Rendezvous!

Von Ausnahmen abgesehen, vertragen Frauen weniger Alkohol als Männer!

Etwas sehr Wichtiges müssen Frauen beachten: Zwei bis drei Tage vor und während der Periode wirkt Alkohol doppelt so stark wie sonst. Das ist auch ganz normal, denn in diesen Tagen wird der Stoffwechsel im Körper durch das Sexualhormon Östrogen so verändert, daß auch die kleinsten Nerven überempfindlich auf Alkohol reagieren.

Die kleinen Vorbeugungsmittel, wie Ölsardinen essen oder einen Löffel Olivenöl schlucken, die kennen Sie bestimmt. Ganz ehrlich, ich hab's nur einmal ausprobiert. Resultat: Der Abend war für mich gelaufen, mir war nur noch schlecht! Wundermittel wie starker schwarzer Kaffee oder irgendwelche Wunderpillen können Sie sofort vergessen. Das putscht entweder unnötig auf oder schläfert Sie vollkommen ein. Ich habe schon oft erlebt, daß vorher so ungeheuer starke Typen friedlich auf ihrem Stuhl eingeschlummert sind. Nicht sehr erotisierend. Also — daran denken: Kaffee oder Pillen machen nicht wieder nüchtern. Da ist es wirklich besser, ›wohldosiert‹ zu trinken, zwischendurch mal Wasser nehmen.

Und falls Sie trotzdem gleich an Ihrem ersten Abend zuviel getrunken haben, dann schnappen Sie sich ein Taxi und fahren nach Hause. Vorzugsweise aber allein. Angetrunkene Frauen und stark alkoholisierte Männer sind im Bett überhaupt keine Freude mehr!

Trotz aller Unkenrufe: Alkohol, in vernünftigen Mengen getrunken, kann sehr stimulierend sein. Das behaupten jedenfalls die Mediziner. Sie sagen: Alkohol regt die Lust — und Sexualzentren im Zwischenhirn an.

Und wenn Sie Alkohol trinken, um Ängste oder Hemmungen abzuschwächen, dann kann Ihnen ein Gläschen nicht schaden! Auf die Verpackung kommt's an.

Es kann natürlich vorkommen, daß Sie nach dem ersten Rendezvous merken, daß Ihr Flirt überhaupt nicht das gehalten hat, was er mit Blicken oder sonst was versprochen hat. Dann ist das überhaupt kein Beinbruch. Sie können sich in aller Freundschaft trennen. Es hat aber auch keinen Sinn, darüber nachzugrübeln, warum der erotische Funke vom ersten Abend, als Sie sich zum erstenmal sahen, nicht mehr überspringt. Gründe dafür gibt's viele.

● Vielleicht ist sie verheiratet oder liebt einen anderen Mann,
● vielleicht wollte sie nur mal eine lustige Abwechslung,
● vielleicht hat er nur an Sex und nicht an ein teures Abendessen gedacht,
● vielleicht ist sie bei näherem Hinsehen überhaupt nicht sein Typ.

Also, ich meine, alles ist möglich. Darüber auch nur einen einzigen Gedanken zu verschwenden ist wirklich völlig sinnlos.

Es ist natürlich ungemein wichtig, daß man weiß, wie und wo man jemanden kennenlernen kann, wie man zusammen spricht, wo man sich zum ersten Rendezvous trifft und was man dabei tun oder lassen sollte.

Außerordentlich wichtig ist aber auch, daß man sich genau überlegt, wie man sich dem anderen ›präsentiert‹. Die Verpackung fällt dem Partner sofort auf, und Klappern gehört halt nun mal zum Handwerk. Das ist ein altes Sprichwort, das wirklich stimmt. Also, denken Sie genau darüber nach, wie Sie sich Ihrer neuen Eroberung präsentieren wollen.

Eines sei gleich vorweg gesagt: Es ist in jedem Fall verkehrt, sich zum Mittagessen in der Stadt in ein Cocktailkleid zu stürzen. Das schwarze Kostüm mit dem kleinen Schleierhut ist ebenfalls verkehrt. Ganz besonders dann, wenn der Mann, der Sie zum Essen ausführt, ein ausgesprochener ›Jeanstyp‹ ist. Umgekehrt ist es genauso: Wenn der Mann ein Anzugtyp ist, ganz korrekt mit Weste und so, dann sollten Sie auf Ihren heißgeliebten Jeansanzug lieber verzichten und vorzugsweise auf einen schicken Rock zurückgreifen. Da die Mode für die Männer nicht so extrem ist wie für uns Frauen (ich sag's mal ganz vorsichtig), zuerst einige Tips für ihn:

● Zum Ausflug aufs Land, an die See — also für die Freizeit — paßt natürlich am besten eine sportliche Hose, T-Shirt oder Freizeithemd und Pullover.

● Die Kombination und Flanellhose paßt den ganzen Tag — auch, wenn man sich zum Abendessen trifft.

● Der dunkle Anzug — kann prima aufgehellt werden durch ein seidenes Einstecktuch — wird zu Festlichkeiten aller Art (Partys, die nicht ganz privat sind, Cocktailempfängen, Theaterbesuchen) getragen.

● Zum Großen Ball muß es dann schon der klassische Smoking sein, Dinnerjacket und schwarze Hose sind hier aber auch erlaubt.

● Wenn Sie in Kneipen oder Diskotheken gehen, dann genügt hier fast immer die sportliche Freizeitkleidung — aber Achtung bitte: Sehr häufig wird darum gebeten, daß der ›gepflegte‹ Herr eine Krawatte trägt! Wenn Sie allerdings den Türsteher überwunden haben, dann können Sie die Krawatte auch wieder abnehmen! Ordnung muß halt sein — auch in der Kneipe!

In einem Buch spezielle Modetips oder Make-up-Tricks zu verraten oder zu empfehlen, wer was anziehen soll, um das Beste aus sich zu machen, das geht nicht. Warum nicht? Ganz klar, weil zum Glück jeder Mensch einen anderen Geschmack hat und nicht alle gleich aussehen. Aber Grundsätzliches, was für jede Frau und jeden Mann gilt, das kann ich schon sagen. Also: Daß Sie immer sauber und gepflegt aussehen sollten, das ist klar. Ich meine doch, daß uns zu diesem Thema bereits unsere Mütter alles Nötige gesagt haben. Was für den Körper gilt, das gilt natürlich auch für die Kleidung. Denn ein parfümiertes Bad und ein wohlriechender Körperpuder sind verschenkt, wenn Pulli, Hose oder Rock fleckig aussehen oder gar riechen. Bitte jeden Tag alle Sachen, die Sie getragen haben, in den Wäschekorb packen (später natürlich in die Waschmaschine) oder in die Reinigung bringen.

Es bleibt natürlich völlig Ihnen überlassen, was Sie aus Ihrem Typ machen (das geht ja auch gar nicht anders). Nur eins bitte: Bleiben Sie Ihrem Typ treu! Wenn Sie nicht mehr 20 sind, dann bitte nicht mit Gewalt auf ›junges Mädchen‹ trimmen. Und zeigen Sie, was Sie haben: einen schönen Rücken, schöne Schultern, lange Beine, schönes Dekolleté. Sie sollen und dürfen ›ihm‹ durch Ihre Kleidung auffallen. Nur müssen Sie darauf achten, daß er Ihre ganze Erscheinung als interessant empfindet. Sonst kann es nämlich sehr leicht passieren, daß er Sie in eine recht fantasielose ›Denkschublade‹ legt. Männer sind leider so und reagieren hier ganz automatisch und superschnell.

● Wenn Sie also einen eleganten Rock und eine dazu passende Bluse tragen, ihr Haar gepflegt und gut geschnitten ist und Sie dazu ein äußerst dezentes Make-up aufgelegt haben, dann sind Sie für ihn eine Dame. Da gibt's nichts dran zu rütteln!

● Haben Sie ein Kleid an, das zwar modisch aber doch recht brav wirkt, und schleppen Sie dazu noch einen riesigen Einkaufskorb, dann sieht er in Ihnen eher eine

Hausfrau und Mutter. Und das dürfte nicht unbedingt in Ihrem Sinn sein.

● Tragen Sie einen kurzen, geschlitzten Rock und eine tief ausgeschnittene Bluse und zum Ganzen noch hohe Stöckelschuhe und zu grelle Schminke, dann sind Sie für ihn ein sehr lockeres Mädel. Auch nicht so günstig für Sie.

● Haben Sie Jeans, T-Shirt und Tennisschuhe an und haben Sie vielleicht Ihr Haar zum Pferdeschwanz gebunden, dann sind Sie für einen Mann das nette Mädchen von nebenan. Naja?!

● Treten Sie ihm in einem geblümten Kleid à la Kittelschürze unter die Augen, gehen Sie auf flachen Schnürschuhen und ohne Schminke, dann sind Sie für ihn die klassische Unschuld vom Lande.

● Es ist natürlich recht gefährlich, wenn Sie wallende Röcke und ebensolche Blusen tragen, die Sie in allen Indienläden kaufen können. Dann hält er Sie für ein spätes Mädchen, ein Relikt aus der vergangenen Hippie-Zeit.

● Und wenn Sie sich gerne betont herb, also männlich anziehen (Hosenanzüge mit Krawatte − übrigens sehr schick), dann registriert er Sie hundertprozentig als ›kesser Vater‹.

Merke zum Thema Kleidung und äußere Erscheinung: Er (oder auch manchmal sie) registriert schon, bevor Sie überhaupt die Chance haben, ein fröhliches ›Hallo!‹ zu sagen. Und wenn Sie erst mal in einem ›Denkkästchen‹ liegen, dann haben Sie es vielleicht gar nicht mehr so leicht, ein Gespräch zu beginnen oder so zu gefallen, wie Sie es gerne haben wollen.

Und noch etwas: bitte nicht in einen Farbtopf fallen!

Kein Mann mag es, wenn eine Frau ihr Gesicht mit Schminke zukleistert, wenn sie es damit verbirgt. Ich kenne jedenfalls keinen, der das toll findet. Das heißt aber nicht, daß Sie einen riesigen Bogen um Ihren Make-up-Topf machen sollen. Ich meine, Sie dürfen nicht hineinfallen! Je dezenter Ihr Make-up aufgetragen ist, desto schöner sind Sie damit. Es ist auch ein großer Irrtum, wenn Sie glauben, daß durch eine dicke Puderschicht Ihre Falten und Fältchen verschwinden. Wenn Sie längere Zeit keine Gelegenheit haben, sich zu ›restaurieren‹, dann sehen Sie ganz schön alt aus. Denn Puder und auch zuviel Creme-Make-up setzt sich in den kleinen Hautfalten sehr gut sichtbar ab. Deshalb: Weniger ist oft mehr!

Parfüm ist Pflicht. Aber...

Zu einer perfekten Erscheinung gehört der gute Duft wie das Tüpferl auf das I. Und hier kann man schon wieder reichlich Fehler machen.

Bitte achten Sie immer darauf, daß Sie an einem Tag nur einen einzigen Duft verwenden. Ein Gemisch aus herb und süß ist einfach scheußlich.

Körperlotion und Deo-Spray sollten möglichst auf das Parfum abgestimmt oder völlig neutral im Geruch sein.

Und weil man sich bei der Auswahl von Düften so sehr vertun kann, gebe ich Ihnen jetzt einige Informationen, die für Sie hilfreich sein können:

Parfüm zieht die Männer an, wie das Licht die Motten! Das stimmt. Deshalb rät der Modezar Yves Saint Laurent auch dringend: »Sparsamkeit erhöht beim Parfüm die Wirkung. Ein guter Duft verklingt ganz langsam und hinterläßt genau den geheimnisvollen Hauch, die Spur, die Frauen so verführerisch macht.«

Also, Sie hören es aus berufenem Munde – mit Düften muß man sparsam und sorgfältig umgehen, sonst ist die Wirkung nicht die erwünschte!

Wissen Sie eigentlich, woher das Wort Parfüm kommt? Ich möchte Ihnen dazu kurz etwas erzählen:

Zu allen Zeiten versuchten die Evastöchter, mit Farben, Salben und Duftwässern das Beste aus ihrem Typ zu machen. Das älteste namentlich bekannte Parfüm ist das ägyptische ›Kyphy‹, das aus duftenden Kräutern, Harzen und Hölzern entstand. Es wurde zu Ehren der Götter auf den Hausaltären verbrannt. Durch seinen Rauch (Lateinisch: per fumum) wollte man die Götter gnädig stimmen, ihren Nasen schmeicheln. Wir Frauen heute, wir schmeicheln nicht mehr den Göttern, wir wollen die Nasen der Männer mit herrlichen Düften verwöhnen − und ein wenig uns selbst. Versteht sich doch?

Aber noch ein kurzer Blick in die Parfümgeschichte:

Von den Kreuzzügen (1096−1270) brachten dann die Ritter Rosenöle, Henna, Moschus und Safran mit nach Europa, und die schönen Burgfräulein machten ihre erste Bekanntschaft mit den edlen Düften des fernen Orient.

Anfang des 17. Jahrhunderts begannen auch die nichtadeligen Damen des Bürgertums, sich zu parfümieren.

Seit 1920, dem Beginn der Goldenen Zwanziger, gehören Mode und Parfüm zusammen. Heute tragen Frauen ihr Parfüm wie ein Kleid, weil es ihre Persönlichkeit duftend unterstreicht. Düfte und Gerüche beeinflussen unsere Stimmung und wecken Erinnerungen an Augenblicke, die vielleicht viele Jahre zurückliegen. Je emotioneller das Erlebnis war, umso deutlicher haftet dieser Geruch in unserem Gedächtnis.

Es gibt Frauen, die wechseln ihr Parfüm, wenn sie sich von einem Mann getrennt und einen neuen Geliebten haben. »Ich möchte durch nichts, nicht mal durch einen Geruch, den er an mir so liebte, an ihn zurückerinnert werden«, geben sie als Hauptgrund an.

Es muß nicht immer unbedingt richtig sein, aber es gibt schon eine Grundrichtung der Düfte, die für den jeweiligen Frauentyp besonders gut geeignet ist:

• die blumigen Noten: Sie erinnern an blühende Wiesen und Blumen wie Rosen, Jasmin und Maiglöckchen. Sie sind für betont weibliche Frauen gemacht.

- Die grünen Noten: Sie duften nach frischem Gras, Heu oder Blättern. Bergamotte, Zitrus und Kresse sind die gebräuchlichsten Essenzen. Sie passen am besten zu sportlichen Frauen.
- Die orientalischen Noten: Moschus, Ambra, Myrrhe und Vanille machen den sinnlichen und schweren Duft aus. Sie sind etwas für rassige, dunkle Frauen und passen eher für den Abend.
- Die Chypre Noten: Der sehr anregende Duft ist oft eine Kombination aus Moos- und Früchteextrakten. Etwas für sehr sinnlich-weibliche Frauen.
- Die aldehydischen Noten: Das sind synthetische Substanzen, die entweder blumig oder holzig-pudrig duften. Für Frauen mit Sinn für Romantik, Herzlichkeit und Zärtlichkeit gemacht.
- Und dann gibt es natürlich noch die ausgesprochenen schönen Herrendüfte: alle sehr frisch und nach Gräsern und Zitronen duftend. Auch wir Frauen finden es sehr erotisierend, wenn Männer ihren Typ mit einem Duft unterstreichen. Noch etwas ist prima: Männerdüfte können ebensogut von uns Frauen verwendet werden. Aber auch für Männer gilt: Deospray, Rasierwasser und Parfum müssen aufeinander abgestimmt sein.

Da all diese Duftcreationen sündhaft teuer sind, möchte ich Ihnen einige Tips geben, wie Sie länger daran Freude haben können:

Parfüm entfaltet Wohlgeruch durch Körperwärme. Tupfen Sie es überall dort auf, wo das Blut pulsiert: also auf Ohrläppchen, an die Schläfen, auf die Unterseite der Handgelenke, auf die Innenseite der Ellbogen, unter den Busen und in die Kniekehlen. Parfum niemals mit Perlen, Gold oder anderen glänzenden Dingen zusammenbringen. Es macht sie stumpf.

Geöffnete Fläschchen halten dunkel und kühl aufbewahrt höchstens acht bis 12 Monate, dann verändert sich der Duft.

Niemals Parfüm direkt aufs Haar sprühen. Das Haar wird glanzlos. Der beste Trick: die Haarbürste mit dem Lieblingsduft besprühen und anschließend das Haar kräft durchbürsten.

Jetzt brauchen Sie nur noch kritisch zu sein und festzustellen, welcher Parfümtyp Sie sind, und sich einen neuen und aufregenden Duft zu kaufen.

Dazu noch einige Tips, wie Sie Ihr Parfüm am besten auswählen:

● Nie den Duft irgendeiner Freundin nachkaufen, Parfüm riecht auf jeder Haut anders.
● Im Geschäft nur drei Düfte aussuchen, die Sie probieren wollen. Mehr kann Ihre Nase nämlich nicht unterscheiden.
● Lassen Sie sich einen Duft aufs rechte und einen aufs linke Handgelenk und einen in die Armbeuge sprühen.
● Einen Moment mit dem Schnuppern warten, bis der Duft sich richtig entfaltet hat. Nach einigen Sekunden ist es soweit, und jetzt können Sie wählen.
● Ein guter Tip für Sie, meine Herren: Wenn Sie das nächste Mal Parfüm schenken wollen, dann sehen Sie sich Ihre Partnerin genau an. Dann treffen Sie mit Sicherheit auch den richtigen Duft.

Schmuck kann ein Verräter sein

Wußten Sie eigentlich, daß Ihr Schmuck verrät, wie Sie in der Liebe sind? Juwelen offenbaren viel darüber, was die Liebe in Ihrem Leben bedeutet. Der Guru Ghajan hat zwei Jahrzehnte lang erforscht, wie Edelsteine und Liebesleben zusammenhängen:

● Rubine: etwas für freiheitsliebende Menschen. Sie bringen Gesundheit und Freude am Sex.
● Perlen: Wer sie trägt, ist warmherzig und zärtlich. Wer sie schenkt, findet Freunde fürs Leben.

- Opale: Sie wechseln mit dem Licht die Farbe — wie deren Besitzer ihre Stimmungen.
- Smaragde: Unternehmungslustige, fröhliche Menschen tragen sie gerne. Die kostbaren grünen Steine garantieren Liebe und Eheglück.
- Türkise: Freigebige und lebenslustige Menschen schmücken sich mit ihnen. Die ›Goldgräbersteine‹ bringen Glück in der Liebe und in Geldsachen.
- Korallen: Etwas für freundliche, kameradschaftliche Menschen. Korallen machen fröhlich.
- Topase: Einzelgänger schmücken sich damit. Menschen können von Topasen besänftigt werden.
- Diamanten: Feurig wie diese kostbaren Steine sind auch ihre Träger. Diamanten bringen Glück.
- Blaue Saphire: Treue und Freundschaft zeichnen den Besitzer aus. Wer sie trägt, geht nicht fremd.

Daß man Gold und Silber nicht zusammen trägt, stimmt heutzutage nicht mehr. Man kann fast alles kombinieren. Ich sage ›fast alles‹, weil ich meine, daß man sogar guten und edel aussehenden Modeschmuck mit echten Steinen oder Edelmetall tragen kann. Und daß Perlen und Opale immer Tränen bedeuten, das stimmt nicht. Der Guru hat's auch gesagt.

Nur auch beim Schmuck aufpassen: Weniger ist oft mehr als genug!

Schreiben Sie mal wieder...

Ich weiß es nicht, aber es könnte ja sein, daß Sie ein Mensch sind, der sich verbal nicht so richtig mitteilen kann. Wenigstens so lange eine Bekanntschaft noch sehr neu ist. Wenn es so ist, dann setzen Sie sich hin und schreiben einen Brief — einen Liebesbrief.

Aber ganz im Ernst, eine Anleitung dazu kann ich Ihnen nicht geben. Nicht daß ich das nicht könnte, ich habe schon viele solcher Briefe geschrieben. Nein, ich meine, Sie müssen es schon selbst wissen, was Sie einem Mann oder einer Frau schreiben wollen. Anknüpfungspunkte haben Sie doch jetzt schon genug. Natürlich kann man einen Liebesbrief auf einem Geschäftsbogen schreiben. Weil man eben gerade im Büro oder einer ähnlichen Umgebung ist. Und Sie haben möglicherweise gerade jetzt das Bedürfnis, dem anderen zu sagen, daß Sie ihn lieben.

Schöner ist ein Liebesbrief, wenn er auf privatem Papier geschrieben ist. Verzichten können Sie allerdings auf den Tropfen Parfüm, damit ›er‹ gleich weiß, wer ihm da schreibt. Das haben einmal unsere Großmütter gemacht. Das ist vorbei, war aber trotzdem eine sehr persönliche Note.

Die Frage, ob Sie einen solchen Brief mit der Hand schreiben oder lieber tippen sollen, kann ich Ihnen ebenfalls nicht beantworten. Das müssen Sie selbst entscheiden. Stilvoll ist es jedenfalls, mit der Hand zu schreiben. Zweckmäßig ist die Schreibmaschine nur, wenn Ihre Schrift so miserabel ist, daß den Brief — außer Ihnen — keiner mehr lesen kann.

Wenn Ihr Liebesbrief eine sehr persönliche und originelle Note haben soll, dann dazu einige Tips:

- Schicken Sie ihm ein Foto von sich,
- geben Sie ihm einen Lippenstift-Kuß — sonst nichts,
- suchen Sie in einer Kartenboutique eine besonders schöne Karte aus und lassen Sie die für sich sprechen,
- verfassen Sie für ihn ein Gedicht (Sie können aber auch eines abschreiben aus gängigen Gedichtbüchern, wenn Ihnen das Talent dazu fehlt, oder Sie greifen zurück auf Ringelnatz oder Heinrich Heine),
- schicken Sie ihr einen Geschenkgutschein (wenn's geht, einen selbstgemalten, das muß nicht immer künstlerisch besonders wertvoll sein) zu einem intimen Abendessen, einem Konzert, einer Wochenendreise oder einem Theaterbesuch. Dazu fällt Ihnen, wenn Sie ein we-

nig darüber nachdenken, ganz bestimmt noch eine ganze Menge ein.

Und dann gibt es ja noch immer die Blumen – wenn Ihnen das Briefeschreiben tatsächlich so schwerfällt.

›Sag es mit Blumen...‹

Das ist wahr, denn wie könnte man nach dem ersten Rendezvous schöner sagen: »Ich liebe Dich« oder »Ich danke Dir«?

Wenn man einen solchen bunten und duftenden Gruß ins Haus schickt oder vielleicht sogar selbst überbringt, dann sollte man unbedingt auf die Größe des Straußes achten. Riesengroße Buketts machen zwar Eindruck, wirken aber außerordentlich protzig und zeigen nicht, daß man dem anderen Liebe und Zuneigung entgegenbringt. Eine einzelne Rose oder ein winziger Veilchenstrauß sind oft viel wirkungsvoller.

Bis vor einigen Jahren war es übrigens immer noch das Privileg des Mannes, seiner Herzensdame Blumen zu verehren. Heute kann auch eine Frau einem Mann Blumen schenken, ohne fürchten zu müssen, sich etwa lächerlich zu machen. Welche Blumen eine Frau einem Mann schenken soll, ist individuell verschieden. Aber sehr gerne werden von Frauen einzelne langstielige Rosen an die Herren der Schöpfung verschenkt. Dazu würde ich Ihnen auch raten, denn mit einer Rose sagen Sie doch wirklich fast alles.

Und damit Sie bei der Wahl der Blumen nicht ins Fettnäpfchen treten, verrate ich Ihnen, was Blumen sagen können:

- Nelken: Du bist nett.
- Orchideen: Ich liebe Dich leidenschaftlich, ich verehre Dich.
- Mimose: Ich möchte zärtlich zu Dir sein.

- Lilien: Wir sind auf dem richtigen Weg.
- Fresien: Du bist einfach zauberhaft.
- Weißer Flieder: Wunderbar, daß es Dich gibt.
- Veilchen: Ich verehre Dich.
- Rote Rosen: Ich liebe Dich.

Wenn Sie den Blumensträuße selbst überbringen, dann vorher das Papier entfernen. Es sei denn, der Strauß ist in einer durchsichtigen Folie verpackt.

Wenn Sie mit Ihrer neuen Eroberung in einem Lokal sind und der obligatorische Blumenmann kommt an den Tisch, dann machen Sie bitte nicht den Fehler und kaufen Sie gleich den ganzen Korb leer.

Erstens gehen die Blumen, wenn der Abend erst begonnen hat, in ein paar Stunden kaputt. Zweitens kann das wiederum als dumme Angeberei ausgelegt werden.

Also, keine Angst, schenken Sie mal Blumen — so ganz überraschend. Es muß ja nicht immer nur zum Geburtstag sein. Und Sie, meine Damen, schenken Sie ihm ab und zu mal eine rote Rose. Sie sparen viele Worte. Und er ist darüber sehr glücklich.

Küßchen, Küßchen, Bussi, Bussi und noch ein Kuß!

Um den Kuß ranken sich unheimlich viele Geschichten. Und es gibt keinen einzigen Menschen (ich behaupte das, weil ich es mir nicht anders vorstellen kann), der in seinem Leben noch nicht geküßt hat.

Man küßt seine Mutter, seinen Vater, seinen Freund, seine Freundin (damit meine ich keine intimen Freundschaften). Politiker küssen sich, und die freundlichen Menschen von Film, Funk und Fernsehen tun es ununterbrochen — vorausgesetzt sie haben Publikum! Man zeigt ganz offen, daß man sich sympathisch ist, daß man sich mag.

Ganz besonders verbreitet ist diese Sitte — oder vielleicht halten Sie es auch für eine Unsitte — in südlicheren Gefilden. Ich kenn's aus München, einfach herrlich diese Begrüßungen. Als ich nach Hamburg umgezogen bin, hatte ich das dumpfe Gefühl, die Menschen mögen sich — und mich — nicht. Mittlerweile ist die Kußwelle auch nach Norddeutschland gekommen. Um es gleich vorweg zu nehmen: Ich war daran nicht schuld!

Lange Zeit war er verpönt und galt als affig: der Handkuß. Ich finde es schön, daß man heute die Hände der Damen wieder küßt. Aber es muß richtig gemacht werden. Ein Handkuß bedeutet soviel wie Verehrung. Wenn er genau nach Vorschrift verabreicht wird: bitte nie im Freien, also auf der Straße, im Bus oder im Flugzeug. Da gehört er nicht hin. Bei Empfängen und ähnlichen Anlässen ist er durchaus angebracht. Beim Handkuß ist dringend zu beachten:

● daß man mit den Lippen nicht direkt auf den Handrücken der Dame schmatzt,
● daß man ihr dabei nicht den Arm bricht,
● daß man die Hand der Dame nicht zum Mund führt.

Der Mann von Welt beugt sich über die Hand und deutet den Kuß nur an.

Aber diese Art von Kuß meine ich gar nicht so sehr, wenn ich über Küssen schreibe. Ich meine den Kuß, den sich Verliebte geben. Und daß so ein Kuß sehr viele Folgen haben kann, das ist uns allen bewußt.

Die mit Sicherheit erfolgreichste Erfahrung mit einem Kuß hatte einmal ein Frosch. Sie wissen schon, welchen ich meine! Ich meine den Frosch, der durch den Kuß eines Mädchens zu einem Prinzen wurde. Um nun ganz korrekt zu sein, es handelt sich bei dem Frosch um einen verwunschenen Prinzen. Der Kuß hat ihn erlöst! So viel vom Kuß aus dem Märchen.

Auch wenn der Kuß in der Wirklichkeit nicht so märchenhafte Folgen zeigt, so war und ist er doch zu allen

Zeiten höchst genußreich und bewegt seit jeher die Gemüter und Leidenschaften der Menschen.

Das geht schon los beim allerersten Kuß. Erinnern Sie sich noch daran? Ich schon, ich weiß, ich war damals so verwirrt, daß ich nicht mehr wußte, wie ich heiße. Aus meiner Sicht heute recht albern. Aber es war herrlich!

Um eben dieses leidenschaftliche Lippenbekenntnis ranken sich legendenreich Kunst und Kitsch!

Auch im richtigen Leben wird dem Kuß höchste Bedeutung zugemessen, weil mit ihm nicht selten ein neues Kapitel beginnt. Es ist deshalb ganz verständlich, daß sich damit auch die Statistiker beschäftigen:

80 Prozent aller Frauen erleben ihren ersten Kuß vor ihrem 18. Lebensjahr, 40 Prozent üben sich sogar schon mit 14 in der Meisterschaft des Küssens.

82 Prozent aller Küsse, so haben es die findigen Statistiker herausgefunden, werden zwischen 19 und 22 Uhr ausgetauscht. 92 Prozent der Frauen schließen beim Küssen hingebungsvoll die Augen; bei den Männern sind es hingegen nur 50 Prozent. Der Rest wacht mit Argusaugen über das Geschehen!

Bei Verliebten soll ein Kuß im Durchschnitt zehn, bei Verheirateten nur eine Sekunde dauern. Besonders böswillige Statistiker wollen sogar von der Länge eines Kusses auf die Tiefe der Gefühle schließen.

Fest steht aber: Sinnlichkeit und Erotik sind ohne Küssen undenkbar. Unser gesamtes Liebesleben wäre ohne Lippen-, Beiß- und Zungenkuß um vieles ärmer: Was sich liebt, das schnäbelt, züngelt, busselt, schmust und knutscht.

Und wer am ersten Kußgenuß genippt, dessen Kußgemüt bleibt ewig dürstend. Deshalb bleibt er nicht an den Lippen hängen, sondern begibt sich begierig auf Erkundungsfahrt über ›die lockende Landschaft des Körpers‹. Zu den ganz besonderen Intimküssen komme ich später noch. Fest steht jedoch: Die Kuß-Geographie kennt überhaupt keine Grenzen — durch das Delta der Venus — in die Poebene —, was freilich so manchen Mediziner erschauern läßt.

Ich will Ihnen um Himmels willen das Küssen nicht vermiesen, aber ich will Ihnen auch nicht vorenthalten, was unsere Mediziner zu dieser fabelhaften Tätigkeit alles zu sagen haben: Jeder intensive Kuß raubt uns drei Minuten unseres Lebens (Sie können jetzt gerne mal nachrechnen, wie das bei Ihnen so aussieht.), weil der Mensch beim Küssen nicht nur auf Lust, sondern auch auf Bakterien trifft.

Auf 40 000 an der Zahl — allein im Mund. Aber wer schmeckt die schon. Glücklicherweise gibt es ja noch Ärzte, die es besser wissen: Züngelnde Liebkosungen seien ein echter Jungbrunnen, fanden sie heraus. Womit sie der Wahrheit sicherlich näher sind als die klinisch reinen Kußmiesmacher, denn beim Schmusen und Knutschen kommt der Kreislauf so richtig in Schwung! 29 verschiedene Muskeln werden aufs angenehmste bewegt, der Herzschlag verdoppelt sich auf 120 freudige Schläge pro Minute, und der Blutdruck schnellt sportlich in die Höhe. Die Nebenniere setzt das Schönheitshormon Adrenalin frei, die Bauchspeicheldrüse Insulin. Wenn Sie also hier an irgendwelchen Mangelerscheinungen leiden, hilft nur ein Rezept: küssen! Eine solche Kur kostet übrigens nichts!

Dieses Rezept ist so alt wie die Menschheit. Denn es wird geküßt, seit es Menschen gibt.

Ich bin sicher, daß Sie keine Anleitung brauchen, wie Sie küssen sollen, wollen oder müssen. Das wissen Sie wirklich selbst. Ich will Ihnen nur verschiedene Arten des Kusses aufzeigen — man lernt ja bekanntlich nie aus:

● Der Zungenkuß: Dazu braucht man nichts mehr zu sagen. Wenn erst mal der erotische Zungenschlag mit im Spiel ist, hat man die Phase der neutralen Kommunikation längst hinter sich. Wie ist aber der viel praktizierte Zungenkuß angelegt? Wer sich hemmungslos in die Lippen des Partners verbeißt, der läßt ihn fühlen: ›Ich hab dich zum Fressen gern.‹

Erotisches Feingefühl verrät, wer seine Zunge nicht wie einen Preßlufthammer gebraucht, sondern Geschmacksknospen und Tastnerven zart weckt.

● Küßchen auf die Wange: Eigentlich sind diese keimfreien Begrüßungsküßchen gar keine. Sie gehen nämlich ins Leere. Diese Art, sich guten Tag zu sagen, ist sehr praktisch: Einkaufstaschen müssen nicht mehr abgestellt werden, der Lippenstift verwischt nicht mehr, und man spart sich zuweilen einen recht feuchten Händedruck.

● Der Schmatz: Wer schmatzt, von dem sind keine erotischen Leckerbissen zu erwarten. Wer mit runden Lippen seinem Partner einen lautstarken Schmatz auf den Mund drückt, der hat an der Erotik dasselbe rustikale Vergnügen wie an einer Schweinshaxe. Der Schmatz ist etwas für Leute, die lieber schmausen als schmusen.

● Der knisternde Kuß: Hier handelt es sich um eine raffinierte Spezialität. Noch ist die Zunge nicht im Spiel, noch ist der Kuß nicht so, daß er eindeutig sexuellen Charakter hätte. Noch berühren sich vielleicht nur die Lippen. Aber wie!! Zart, vielversprechend, knisternd vor Sinnlichkeit. Egal, ob er in die Halsbeuge, hinters Ohr oder auf die Wange gegeben wird – immer sind die Nerven in Aufruhr, aber sehr angenehm. Eine Fortsetzung ist erhofft – aber nicht Bedingung.

● Der Freundschaftskuß: Diese Art des Kusses ist normal, wie schon gesagt, für Mutter, Vater, Freunde, egal wen. Und es ist auch egal, wo dieser Kuß landet, er macht auf jeden Fall den Alltag viel freundlicher.

Noch etwas zeigt sich beim Küssen: Beim Küssen zeigt sich die Liebe. Denn wenn es mit der nicht mehr stimmt, stimmt auch die Sexualität nicht mehr richtig! Klar! Aber hätten Sie gedacht, daß Partnerschaftsprobleme sich erst beim Küssen zeigen? Daß das Küssen ein viel sensiblerer Gradmesser für eine Beziehung ist als der Beischlaf?

Wenn ein Paar sich nur noch flüchtig küßt, dann kriselt es meistens bereits. Und zwar auch dann, wenn die beiden nach wie vor häufig zusammen schlafen.

Diese Erfahrung haben die Sexualtherapeuten gemacht. Denn: Zärtlich und innig küssen, so meinen sie, kann man sich nur dann, wenn man seelisch harmoniert. Und wenn man sich gefühlsmäßig verbunden fühlt.

Miteinander schlafen aber, das kann man auch ohne große innere Beteiligung.

Über die hochgelobte Lust am Kuß hat Joachim Ringelnatz gedichtet:

»Ein männlicher Briefmark erlebte / Was Schönes, bevor er klebte./ Er war von einer Prinzessin beleckt. / Er wollte sie wieder küssen, / da hat er verreisen müssen./ So liebte er sie vergebens. / Das ist die Tragik des Lebens!«

Wenn das so ist, dann kann der ›Briefmark‹ mit einem Wort des italienischen Autors Italo Svevo getröstet werden: »Ein gegebener Kuß ist nie verloren.«

Nicht nur für den Briefmark von Ringelnatz, auch für uns ein sehr tröstlicher Gedanke.

Sex gleich am ersten Abend

Dagegen spricht eigentlich gar nichts. Also, keine Angst, ich will mich hier nicht als Moralapostel aufspielen und den *one-night stand* verdammen. Er kann in der Tat sehr aufregend und sehr schön sein. Nur, eines ist sicher: Die schnelle Liebe, gleich am ersten Abend und eventuell auch nur für eine einzige Nacht, die ist längst nicht mehr so ›in‹ wie vor einigen Jahren.

Heute ist es wieder erlaubt, Gefühle zu zeigen, zu schmusen, sich kennen- und liebenzulernen, ohne gleich im Bett zu landen.

Natürlich gibt es Ausnahmen. Aber dann liegt es meistens

an der Umgebung und an der ganzen Atmosphäre. Urlaubsstimmung zum Beispiel, aber auch Feiern im Betrieb und Feste bei Freunden, meist verbunden mit höherem Alkoholgenuß, senken die Hemmschwelle doch ganz beträchtlich. Und manch einer ist dann eher bereit zu einem Abenteuer, das in den Kissen eines fremden Bettes endet.

Früher waren es nur die Männer, die sich eine Frau für eine Nacht ausgeguckt haben. Jetzt ist es so, daß die Herren der Schöpfung sich beklagen, daß sie immer den ersten Schritt tun müssen. Nur, das Seltsame dabei ist, werden sie tatsächlich sehr direkt von einer Frau angesprochen, dann fallen sie erst mal vom Hocker. In vielen Interviews habe ich dazu sehr viele Meinungen gehört. Einige Antworten von Männern, die Bände sprechen:

- »Klasse, da habe ich keine Bedenken. Ich sehe das als einmalige Gelegenheit, für einen Moment, mehr nicht. Wenn es Spaß macht, freut es mich für beide.«
- »Ich bin kein Kostverächter, aber ich finde es nicht anständig, wenn sich ein Mädchen gleich in der ersten Nacht hingibt. Ich habe zwar Verständnis für die Frauen, doch ich fühle anders. Ich kann mir nicht vorstellen, daß ein Verhältnis länger als eine Woche dauert, wenn man bereits am ersten Abend zusammen im Bett war.«
- »Heute ist es doch so, daß die Frauen die Initiative ergreifen, aber mich stößt so was ab. Ich will erobern und auch ein wenig Vorfreude haben.«

Und das sagen die Frauen, die sich einen Mann für eine Nacht mit nach Hause nehmen:

- »Was die Männer können, kann ich schon lange. Wenn ich Lust habe, dann hole ich mir eben einen Mann, auch wenn es nur für einmal ist.«
- »Ich bin emanzipiert, ich will nicht warten, bis endlich einer zu mir sagt, daß er mit mir schlafen will.«
- »Ich bin altmodisch, ich will umworben werden. Ich finde es nicht gut, wenn Frauen so wahllos Männerbekanntschaften machen.«

Sie sehen, ein sehr umstrittenes Thema — ein Mann oder eine Frau nur für eine Nacht. Ich meine, Sie sollten es wirklich ganz für sich alleine entscheiden, ob sie das wollen oder nicht. Eines müssen Sie sich allerdings vorher klarmachen, egal ob Mann oder Frau, ein *one-night stand* bringt überhaupt nichts, wenn Sie

- mit einem Mann nur ins Bett gehen, um einem anderen eines auszuwischen.
- mit einem Mann nur schlafen, um einen anderen, vielleicht Ihre untreu gewordene große Liebe, zu vergessen.
- so betrunken sind, daß Sie nicht mehr genau wissen, was Sie eigentlich machen.
- noch nicht frei genug sind, um deutlich nein zu sagen, weil Sie auf keinen Fall für zickig gehalten werden wollen.
- sich einbilden, daß jeder Mann, der mit Ihnen schläft, Sie auch gleich unsagbar liebt (weitverbreiteter Irrtum).
- glauben, daß Sie jeden Mann, der mit Ihnen Sex gemacht hat, rückhaltlos lieben müssen.

Wenn Sie alle diese Dinge ausklammern, dann ist ein *one-night stand* natürlich unkompliziert und schön. Und es gibt natürlich noch hunderttausend andere Motive, warum eine solche Geschichte einmal toll ist und dann wieder gar nicht. Ach so, Ihnen ist nicht so ganz klar, was ein *one-night stand* eigentlich genau ist?

Hier handelt es sich auf jeden Fall nicht um Liebe. Hier handelt es sich um eine sexuelle Beziehung, die wirklich nur eine Nacht lang dauert. Es ist eine rein physische Angelegenheit. Beide Partner fühlen sich körperlich angezogen. Und daß jeder von ihnen jetzt den Wunsch hat, möglichst schnell ein Bett zu erreichen, das ist doch klar. Fragt sich jetzt nur noch, in welches Bett Sie hüpfen, in seines oder in Ihres?

Daß allerdings die Vorfreude oft die schönste Freude ist, das bezieht sich nicht nur auf ein gutes Essen oder einen tollen Urlaub. Das bezieht sich natürlich auch auf Partnerschaft und Sexualität.

Sehen wir jetzt einfach davon ab, daß Sie mehr als nur einmal mit einem Mann oder einer Frau schlafen wollen, dann gibt es doch nichts Schöneres, als seiner Fantasie freien Lauf zu lassen und sich vorzustellen, was man mit dem Partner so alles treiben könnte. Denn ganz ehrlich, meistens hat man doch mehr vor, als nur ein einziges Mal mit ihm oder ihr zu schlafen.

Kennen Sie was Schöneres, als mit einem Mann oder einer Frau, den oder die man eben erst kennengelernt hat, eine Nacht zu verbringen? Aber ich meine, man sollte die knisternde Atmosphäre auskosten. Alles ist noch so neu und frisch, es gibt noch keine Probleme, man hat doch so viel Zeit, sich richtig zu entdecken. Deshalb ist es auch so wichtig, daß Ihre erste Nacht, der ja noch einige mehr folgen sollen, völlig ungestört verläuft.

In welches Bett hüpft man nun?

Überlegen Sie es sich genau, ob Sie in Ihre oder in seine Wohnung gehen.

Zuerst einmal ein grundsätzliches Wort an Sie, meine Damen, und ich hoffe, daß Sie, meine Herren, mir deshalb nicht böse sind: Bevor Sie mit einem Mann in seine Wohnung gehen oder ihn zu sich nach Hause einladen, sehen Sie ihn sich genau an! Solche Treffen können nämlich sehr unangenehm ins Auge gehen. Aber ich gehe jetzt einfach nicht davon aus, daß Sie womöglich einem Sadisten oder einem Lüstling (von übler Sorte) in die Hände gefallen sind, sondern daß er für Sie der ›Traummann‹ ist und alles stimmt.

Es muß natürlich ganz sicher sein, daß Ihre erste Liebesnacht wirklich ohne Störungen verläuft, daß

- nicht plötzlich eine Freundin/ein Freund, die/der den Schlüssel hat, vor dem Bett steht.
- nicht ein enttäuschter Liebhaber Sie pausenlos am Telefon belästigt.
- wenn Sie Kinder haben sollten, diese entweder Bescheid wissen oder eben an diesem Abend bei Freunden untergebracht sind. Diesen Liebesdienst erweisen Freunde gerne!
- der Ehemann/-frau nicht plötzlich von einer längeren Reise unangemeldet nach Hause kommt. Die dummen Witze mit dem fremden Mann im Schrank kennen Sie ganz bestimmt.

Wenn Sie allerdings noch wankelmütig sind, in welche Wohnung man nun geht, sollten Sie sich folgendes überlegen — und darüber sogar mit dem Partner sprechen,

- daß Sie sich in Ihrer Wohnung wohler fühlen als in einer fremden Umgebung.
- daß Sie Ihr eigenes Badezimmer bevorzugen — nicht zuletzt weil da Ihre ganze Kosmetik steht. Nicht ganz unwichtig!
- daß Sie ein so gemütliches Bett haben und das andere ja (noch) nicht kennen.
- daß Sie morgens früh raus müssen.
- daß Sie einen geschäftlichen Anruf erwarten.
- daß Sie einen gefüllten Kühlschrank haben. Nicht ganz unwichtig, fürs Frühstück.
- daß Sie eventuell ein Haustier haben, das gefüttert werden muß.
- daß Sie schließlich ganz einfach wissen, daß Sie in Ihrer Wohnung wirklich nicht gestört werden!

Bevor Sie sich also jetzt ins große Abenteuer stürzen, müssen Sie sich noch über eines klar werden: Erwarten Sie nicht zuviel vom Mann und erwarten Sie nicht zuviel von der Frau. Eine zu hochgeschraubte Erwartungshaltung kann blitzschnell die ganze Liebe kaputtmachen.

Am besten zeige ich Ihnen an zwei Beispielen, wie eine

solche Einstellung für eine noch sehr junge Beziehung tödlich sein kann:

Claudia, eine bildhübsche Frau, wurde von ihren Eltern vergöttert und finanziell verwöhnt. Für sie war es deshalb selbstverständlich, daß nun Rainer, ihr Freund, sie ebenso vergötterte, verwöhnte und bediente. Er konnte das nur bedingt, denn Geld war bei ihm knapp. Sie trennte sich von ihm und beschimpfte ihn, eine berufliche Null zu sein. Sie hat ihn ständig nur mit ihrem Vater verglichen.

Klaus war auf den ersten Blick ein Mann fürs Leben, wie man so schön sagt. Daß es nicht so war, hat Hanna nach sehr kurzer Zeit gemerkt. Klaus entpuppte sich als penetranter Nörgler und machte ihr Vorschriften in jeder Beziehung. Und seine Begründungen waren immer die gleichen: »Meine Mutter hat das alles viel besser gemacht als du.«

Sie sehen also, das darf nie passieren. Denken Sie immer daran, daß die Menschen alle verschieden sind. Zum Glück!

Denken Sie daran — Liebe ist kein Leistungssport!

Daß Liebe sehr oft mit Leistungssport verglichen wird, das ist leider wahr. Aber kein Mensch verlangt von Ihnen die eingesprungene Waagepirouette auf dem Bettuch oder einen Saltomortale vom Kleiderschrank! Das ist vielleicht etwas übertrieben, aber Sie wissen schon, wie ich das meine.

Und der sagenhafte Superorgasmus (darauf komme ich später noch) ist in Wirklichkeit auch nicht so sagenhaft, wie immer behauptet wird.

Ich glaube, daß es am wichtigsten ist, daß Sie sich so geben, wie Sie wirklich sind. Ein Mann und eine Frau, die Sehnsucht hat, die zärtlich sein will. Mit einem Wort: Seien Sie so wie zwei Menschen, die Spaß aneinander haben! Falls Sie es noch nicht wissen sollten oder schon wieder vergessen haben (was ich nicht hoffe): Oft entscheiden Kleinigkeiten darüber, ob Sie eine unvergeßliche Liebesnacht erleben oder ob Sie sich am Morgen danach mit einem schrecklichen Reinfall abfinden müssen.

Hier sind ein paar Tips zum Auffrischen – wie Sie ein perfekter Liebhaber oder eine perfekte Geliebte sind:

● Bringen Sie Ihre Freundin in Stimmung, indem Sie eine gemütliche Umgebung zaubern. Es müssen zwar nicht unbedingt Kaviar oder Hummer und Champagner bereitstehen, eine gute Flasche Wein und ein Strauß Blumen tun's auch.

● Überraschen Sie den Mann Ihrer Träume mit einem kleinen Abendessen!

● Gehen Sie verschwenderisch mit Komplimenten um, jede Frau hört es gerne, daß sie eine tolle Figur hat.

● Vermeiden Sie politische Diskussionen. Tötet garantiert die Stimmung.

● Wenn sie kalte Füße hat, bitte unbedingt wärmen. Das kann durchaus ein Startsignal für viel mehr sein.

● Versuchen Sie herauszufinden, welche Stellung dem Partner am besten gefällt. Wenn sie oder er eine Sexstellung ablehnt, dann bestehen Sie nicht darauf. Viele Partnerschaften zerbrechen, weil die Sexualität deshalb unbefriedigend ist.

● Sagen Sie ihr Zärtlichkeiten, verzaubern Sie die Frau und geben Sie ihr das Gefühl, etwas ganz Besonderes zu sein.

● Schlafen Sie bitte nach der Liebe nicht sofort ein (darüber wird unentwegt geklagt), auch wenn Sie hundemüde sind. Frauen wollen gerade nach der Liebe in den Arm genommen werden. Und wenn Sie auch noch versichern, daß es wunderschön war, dann hat keine Frau mehr etwas gegen Ihren gesunden (vielleicht wohlverdienten) Schlaf.

Ein Wort zur Pille

Verhütung ist immer noch ein Thema, für das wir Frauen fast ausschließlich alleine zuständig sind. Und dieses Thema ist wichtig, besonders dann, wenn man ein neues Abenteuer beginnt! Sicherlich, es gibt mittlerweile die Pille für den Mann (wenn auch erst in sehr umfangreichen Tests). Und es gibt ›die Pille danach‹ für uns, wenn wir sie vorher vergessen haben. Nur ich, ich würde mich niemals darauf verlassen, daß ein Mann seine Pille wirklich genommen hat.

Und wenn Sie die Pille vergessen haben, dann können Sie ja mit den Ihnen ganz sicherlich bekannten Mitteln verhüten: Kondom, Schaumzäpfchen, Diaphragma, Schwämmchen.

Warum Sie sich vor einer ungewollten Schwangerschaft schützen sollen, ist Ihnen sicherlich sonnenklar: Sie tun weder sich, noch dem Kind, noch dem Vater damit einen Gefallen!

Mit einer Schwangerschaft einen Mann zu erpressen, daß er bei Ihnen bleibt, geht mit hundertprozentiger Sicherheit schief. Also, ich kann Ihnen nur dringend raten: Schützen Sie sich, lassen Sie sich von Ihrem Gynäkologen beraten und halten Sie sich an das, was er Ihnen sagt.

Wenn Sie aber zu Ihrer Pille noch andere Medikamente nehmen, dann lesen Sie bitte ganz genau den Beipackzettel. Denn viele Präparate dämpfen die Wirkung der Pille oder heben sie ganz auf.

Zum Beispiel:

Antibiotika, die Ampicillin oder Tetracyclin-HCL enthalten; Beruhigungsmittel, in denen eine dieser Substanzen zu finden ist: Chlordiazepoxid, Diazepam, Meprobamat, Phenobarbital-; Epilepsie-Präparate, die durch eine dieser Substanzen wirksam werden: Carbamazepin, Phenytoin, Phenobarbital, Primidon; Grippe-, Herz-, Magen- und Schmerzmittel mit Phenobarbital; Migräne-Medikamente, die Amobarbital oder Phenobarbital enthalten; Rheumamittel, in denen Phenylbutazon wirksam ist; Schlaftabletten mit Cyclobarbital; Schmerz- und Erkältungsmittel, in denen sich Phenacetin befindet; Tuberkulose-Medikamente, die Rifampicin enthalten.

Schauen Sie also genau nach, wenn Sie das nächste Mal zur Pillenschachtel greifen. Denn Vorbeugen ist wirklich besser als Abtreiben. Der Arzt kann den Schaden zwar beheben, aber der Schaden, den Ihre Seele davonträgt, den kann er nicht beheben. Und das müssen Sie doch wirklich nicht haben! Jetzt haben wir so viel von prosaischen Dingen geredet, die unbedingt wichtig sind, bevor Sie Ihre erste Nacht zusammen verbringen, daß wir nun wirklich von den echt schönen Dingen sprechen können. Und da geht es doch erst mal darum, daß Sie für Ihre zärtlichen Stunden erotische Stimmung zaubern.

Musik — in jeder Lebenslage

Mit Musik geht alles besser — das ist ein Sprichwort, so richtig aus dem prallen Leben gegriffen. Und es ist etwas Wahres dran.

Mit Musik geht wirklich alles besser, und wenn es um Erotik geht oder, besser gesagt, um erotische Stimmung, dann klappt das mit Musik reibungslos.

Wenn Sie von mir jetzt allerdings erwarten, daß ich Ihnen ganz gezielte Musiktips gebe, die Sie so richtig in Stimmung bringen, dann muß ich Sie enttäuschen. Leider. Aber soviel kann ich Ihnen verraten — für intime Stunden ist jede Musik richtig (ausgenommen Marschmusik — Fans dieser Musikrichtung mögen mir verzeihen). Wenn Sie nicht über genügend Platten oder Cassetten mit stimmungsvollen Melodien, Schlagern, Jazz oder Klassik zu Hause verfügen, dann können Sie sich doch überall schnell etwas besorgen. Und sollten Sie keinen

Plattenspieler haben (was ich nicht annehme), dann knipsen Sie doch einfach Ihr Radio an. Nur eines machen Sie bitte nicht — drehen Sie nicht voll auf. Mir ist es nicht wegen der Nachbarn, die sich beschweren könnten. Ich meine nur, daß brüllende Musik die ganze Stimmung kaputtmacht.

Überhaupt — um die Musik für zärtliche Stunden wird viel diskutiert. Da streiten sich doch tatsächlich die Sexualwissenschaftler darüber, ob es einen Punkt gibt, der bei allen Frauen an der gleichen Stelle sitzt und als Klingelknopf für den Superorgasmus dient! Einig sind sie sich allerdings, daß jeder Mensch seinen eigenen Punkt hat, der ihn die Lust in den allerhöchsten Tönen spüren läßt. Ganz egal, ob dieser Punkt eine Stelle oder eine Stellung ist.

Jeder von uns, egal ob Mann oder Frau, hat auch seinen eigenen Ton, der Seele und Körper zum Klingen bringt. Dieser musikalische Ton und die erogene Stelle wiederum sind sich in einem einig: Es kann ganz schnell gehen oder eine wahre Odyssee lang dauern, den Erregungspunkt zu finden. Aber wer einmal ins Schwarze getroffen hat, der peilt das Ziel immer wieder an.

Eine englische Untersuchung hat ergeben, daß Männer romantische Musik für zärtliche Stunden bevorzugen, während Frauen mehr auf sanfte Rockmusik stehen.

Von den mehr als 2000 befragten Männern erklärte die überwiegende Mehrheit: »Bei der Liebe muß die Musik leise und zart sein. Es kann sich ruhig um Instrumentaltitel handeln.« Die meisten Frauen dagegen waren der Ansicht: »Rhythmische Musik, ruhig, flott, aber nicht zu laut — das ist ideal für Stunden zu zweit.«

Sie sehen, die Sache mit der Musik ist keiner Vorschrift unterworfen, sie ist Geschmackssache. Und wenn Sie den ›Bolero‹ von Maurice Ravel bereitgelegt haben, dann haben Sie bestimmt voll ins Schwarze getroffen. Seit dem

Film ›Traumfrau‹ mit Bo Derek ist der ›Bolero‹ die absolute Nummer eins, wenn es um passende Musik für erotische Stunden geht.

Auf die Beleuchtung kommt es an

Um eine richtige Atmosphäre zu schaffen, braucht man nicht nur die richtige Musik. Wichtig ist auch die richtige Beleuchtung. Grelles Licht tötet jede Stimmung im Ansatz. Also dimmen Sie Ihre Lampen, tupfen Sie Ihr Lieblingsparfüm auf die Glühbirnen, das verbreitet eine sehr persönliche Note. Und stellen Sie Kerzen auf, überall, im Wohnzimmer und ganz besonders im Schlafzimmer. Aber Vorsicht: Wenn Sie nicht aufpassen, kann es leicht zu einem Zimmerbrand kommen. Also Kissen, Decken und ähnlich Brennbares nicht in unmittelbarer Nähe der Kerzen ablegen. Überhaupt: Kerzenlicht schmeichelt, ganz besonders Frauen und ganz besonders dann, wenn es schon spät nachts ist!

Das Bad — nicht nur ein Raum zum Waschen

Achten Sie bitte darauf, daß Ihr Badezimmer nicht nur ein Raum ist, in dem man sich wäscht. Hier muß ebenfalls eine angenehme Atmosphäre herrschen. Klar, daß Sie das selbst wissen, ich sag' Ihnen nur, was Sie unter keinen Umständen vergessen dürfen.

Es sollten da sein:

- frische Handtücher (ausreichend),
- Zahnbürste (aber bitte, originalverpackt),
- Watte, Tampons, Kleenex,
- Gesichtswasser, Abschminklotion und Creme (darauf

achten, daß diese Kosmetikas für alle Hauttypen geeignet sind),

● Seife und Badeschaum oder -öl.

Jetzt sagen Sie bitte nicht, ich will ja nicht, daß er oder sie bei mir einzieht! All diese kleinen Sachen im Bad sind deshalb so wichtig, weil zum Beispiel ein altes, fleckiges Make-up am frühen Morgen abscheulich aussieht und man sich damit auch nicht mehr wohl fühlen kann.

Mit Wasser und Seife alleine kann man ein Gesicht nämlich nicht reinigen.

Und mit duftenden Seifen und Badezusätzen kann man ja mehr anfangen, als nur damit zu baden oder zu duschen.

Liebe geht durch den Magen

Wenn Sie unbedingt unter Beweis stellen wollen, daß Sie gut kochen können, dann laden Sie ruhig zum Abendessen ein. Aber bitte, veranstalten Sie keine Kocharien. Ein kleines Abendessen tut's auch.

Wie wär's denn mit einer Käseplatte, mit verschiedenen Fisch- oder Fleischpasteten, mit Salaten, Krabben, Lachs oder Austern (je nach Jahreszeit frisch oder geräuchert)? Außerdem finden Sie hervorragende kleine Menues in den Tiefkühltruhen der guten Delikateß-Geschäfte. Sie müssen nur alles hübsch anrichten. Denn Sie wissen ja, daß ein besonderes Essen nicht nur für einen selbst ein lustvolles Erlebnis ist, es macht auch Lust auf Sex. Zumindest wird von vielen Gerichten geglaubt, daß sie die sexuelle Lust anregen und beflügeln. Auch wenn skeptische Leute nicht an die ›physische‹ Wirkung von Aphrodisiaka glauben wollen, so kann doch jeder die Erfahrung machen, daß durch den gemeinsamen lustvollen Genuß von Speisen — besonders köstlichen und leichten, wie ein weiser Scheich vor mehr als 400 Jahren geraten hat – eine sexuelle Begegnung noch reizvoller gestaltet werden kann.

Und es gibt eine ganze Reihe von Gemüsen, Fischen, Fleischgerichten, Kräutern und Gewürzen, die schon im Altertum als Hilfs- und Zaubermittel zur Verschönerung der Liebe und Steigerung der Lust anerkannt waren:

• Feigen, Datteln und Nüsse galten bei den alten Römern als probates Mittel für müde Helden. Im ältesten Kochbuch der Welt, das von Marcus Gavius Apicus stammt, wird der Fisch und anderes Meeresgetier als Anregungsmittel gepriesen. Auch Anis, Safran, Lorbeerblätter, Kapern und Knoblauch galten bei ihm als Wundermittel.

• Im Griechenland der antiken Helden rieten die Ärzte den orgienmüden Kriegern zu Seegetier, vor allem zu Fischrogen und zu herzhaften Gewürzen wie Kardamon, Ingwer, Zimt und Zwiebeln.

• Auch das Buch der Bücher ist nicht frei von Rezepten für bestimmte Lebenslagen. Sieht man von Evas Apfel ab, dann war Rahel die erste, die zu Liebesäpfeln griff, um ihren Mann Jakob, den sie mit ihrer Schwester teilte, bei Laune zu halten.

• Doch was wäre die erotische Küche ohne all die französischen Varianten, die schon durch ihren Namen verlocken:

Madame de Maintenon, die Maitresse von Ludwig XIV., hat der Nachwelt das Kalbskotelett á la Maintenon hinterlassen, das mit so stärkenden Ingredienzien wie Anchovis, Basilikum, Nelken und Weinbrand zubereitet war. Catharina de Medici, die Mutter von Heinrich III., brachte italienische Lebenslust an den französischen Hof und vertraute vor allem der Artischocke.

Ihr Landsmann Giacomo Casanova griff meist zu Morcheln, um seinem Ruf gerecht zu werden.

Die Marquise de Pompadour dagegen stärkte sich mit heißer Schokolade, die mit viel Ambra und Vanille gewürzt war. Madame Dubarry, die wie ihre Vorgängerin, die Pompadour, von einfacher Herkunft war, vertraute immer wieder auf ein speziell zubereitetes Ingwer-Soufflé. Sie war wie viele ihrer Zeitgenossen empfänglich für die Zauberkraft, die in den teuren, duftenden und exotischen Spezereien steckte.

● Viele Gewürze und Früchte waren nur deshalb verdächtig, weil sie neu, teuer und für das ›gemeine Volk‹ unerreichbar waren. Und so kam es, daß die von den Spaniern in Südamerika entdeckte Kartoffel und die Tomate zu einem nahezu unverdienten Ruf kamen. Andere vorgeblich kräftigende Mittel kamen nur ihrer herrlichen Form wegen in die Liste der Kräftigungsmittel. Spargel, Muscheln und bizarr geformte Wurzeln gehörten zu dieser Kategorie.

● In China mit seiner vieltausendjährigen hochstehenden Küchenkultur wurden Aphrodisiaka sicher häufiger benutzt als erwähnt. Neben der noch heute von Kennern geschätzten Schwalbennestersuppe weiß man von Seegurken, Ingwer und Bambussprossen, gebratenen Hühnermägen, mit Schinken gedämpften Datteln, sowie Hummer in einer Soße aus Sojabohnen, Tofu genannt.

Dieser Ausflug in die chinesische Küche zeigt, daß man in China vor 2000 Jahren schon so viel wußte wie moderne Ernährungswissenschaftler heute: Eiweißreich und leicht sollte das Mahl sein, wenn Sie hinterher nicht todmüde in die Kissen sinken wollen. Und das ist ja bestimmt nicht Ihre Absicht. Das Essen war ja erst der Auftakt zu noch viel größeren Genüssen.

Ach ja, beinahe hätte ich es vergessen: Zu einem guten Essen gehört auch ein guter Tropfen. Wie die Sache mit dem Alkohol ausgehen kann, das wissen Sie ja. Trotzdem, ein leichter Weißwein, ein wohltemperierter Rotwein, eisgekühlter Sekt oder Champagner bringen Sie in die richtige Stimmung. Und für alle Fälle sollten Sie auch Saft und Selters im Hause haben. Nicht jeder verträgt den ganzen Abend über Alkohol.

Noch eins: Wenn Sie kein Weinkenner sind, brauchen Sie auf den Genuß nicht zu verzichten. Überall im Fachhandel werden Sie vernünftig beraten.

Wenn Sie sich trotz alledem von Hummer, Kaviar, Tauben, Spargel und Liebestränken nicht allzuviel erwarten, möchte ich Ihnen mit einem Rezept aus dem ›Großen Liebesalmanach‹ aus dem Jahre 1657 auf die Sprünge helfen: »Ist sie sehr jung, nimm 24 Violinen, einige Puten und ganz frische Bohnen, Pralinen und kostbare Kleider...« Bitte nehmen Sie diesen Spruch nicht allzu ernst, in unserem Jahrhundert hilft das Rezept nicht mehr. Trotzdem ist er anregend — zum Lachen!

Reizwäsche — die sanften Verführer

Wissen Sie eigentlich, was einen Mann so richtig auf Touren bringt? Ich meine jetzt nicht das ganze Drum Herum — bis zum Abendessen mit der erotischen Stimmung.

Ich frage Sie, was finden Männer an einer Frau besonders sexy. Antworten Sie darauf mit einem einfachen: »Nackte Haut!«, dann liegen Sie auf jeden Fall falsch. Denn was Männern den Puls erhöht und die Pupillen weitet, das ist Reizwäsche. Schöne Wäsche — seidig, glatt kühl —, ein verführerisches Verpackungsmaterial für weibliche Reize.

Bevor Sie also ausgehen, legen Sie ganz besonders auf das ›Darunter‹ großen Wert. Die praktischen Baumwollschlüpfer und die Strumpfhosen sollten Sie lieber im Schrank lassen. Und wenn Sie einen Mann zu sich nach Hause einladen, dann sehen Sie lieber noch mal nach, ob Ihr Spitzennachthemd auch wirklich frisch gewaschen im Schrank liegt und Sie zu gegebener Zeit nur hineinschlüpfen müssen.

Wenn Sie schon mal dabei sind, Ihren Wäscheschrank zu durchforsten, dann wird Ihnen auffallen, daß Sie sich wieder mal etwas Neues, Verführerisches leisten müßten. Es gibt doch so herrliche Geschäfte dafür. Und damit Sie sich im Kaufhaus (Dort gibt's jetzt übrigens ausgezeichnete Wäscheabteilungen!) oder im Fachgeschäft zurechtfinden, sage ich Ihnen einige der wichtigsten Ausdrücke fürs richtige ›Darunter‹:

- Bodystocking — hautnaher Einteiler aus leichtem Material
- Camiset — taillenlanges Kurzhemdchen
- Camisol — Trägerhemdchen
- Catsuit — hautenger, knöchellanger Elastikanzug mit langen Ärmeln
- French-Knickers — weitgeschnittenes Höschen
- Teddy — Trägerhemdchen und weites Höschen in einem Stück.

Sagen Sie jetzt bitte nicht: »Dieser Firlefanz ist unter meiner Würde.« Ich weiß auch, daß viele Frauen sich erniedrigt fühlen, wenn sie ein Mann bittet, für eine Liebesnacht Strapse, Seidenstrümpfe oder Sexywäsche anzuziehen. Ich kann es nicht verstehen, daß viele Frauen immer noch so prüde sind. Denn Frauen tun doch noch viel mehr, um Männern Appetit und Lust zu machen.

Sandra ist so eine Frau. Wenn ihr Mann Klaus zu müde für Liebesspiele ist, sie aber Sehnsucht nach ihm hat, macht sie ihn mit Streicheln und Liebkosungen so heiß, daß er dann doch ihre Wünsche erfüllt. Eines Tages aber legte ihr Klaus ein kleines Päckchen aufs Bett und bat sie: »Bitte, zieh das doch für mich an.« Sandra wurde wütend, brach in Tränen aus und schrie ihn an: »Bist du völlig übergeschnappt? Ich bin doch keine Hure!« Soweit Sandra und Klaus. Natürlich ist Sandra keine Hure, wie sie sich ausdrückt, aber sie ist eine Frau. Und sie ist eine Verführerin, die in jeder Frau steckt.

Und über die Verführungskünste von uns Frauen wurde ja ausreichend geschrieben. Es ist auch kein Geheimnis, und das wissen Sie auch, daß schon lange vor Christi Geburt die Frauen ihre Geschlechtsmerkmale mit raffinierten Höschen und bunten Brustbändern betonten. Und sogar im prüden Viktorianischen Zeitalter, das die Frauen eigentlich zur Verhüllung zwang, steigerten sie das Spiel der Enthüllung für die Männer fast bis ins Unerträgliche – für die Herren der Schöpfung positiv.

Heute ist es doch nicht anders. Eine raffiniert verhüllte Frau ist doch viel reizvoller als eine vollkommen nackte. Nacktheit ist heute nichts besonderes mehr. In jedem Schwimmbad, an jedem Sonnenstrand dürfen Frauen ihre Reize unverhüllt zeigen. Manchmal sollten sie sich aber vorher genauer im Spiegel betrachten. Denn nicht immer ist das, was man zu sehen bekommt, auch wirklich schön anzusehen. Gut, ich weiß, das muß jeder mit sich selbst abmachen. Aber wenn sich nun der Mann, mit dem die Frau immerhin ins Bett geht, die Enthüllung wieder interessanter machen und sich an dem Streifen Haut zwischen Strumpf und spitzenbesetztem Strumpfbandhalter oder Höschen entzücken will, werden dieselben Frauen von einem totalen Keuschheitsanfall geplagt und wehren ihn empört ab. »Mit mir kannst du das nicht machen, such dir für deine perversen Spielereien doch eine andere«, hört man immer wieder.

Schade – finden Sie nicht auch? Also, meine Damen, geben Sie sich einen Ruck und ziehen Sie sich sexy an, und vergessen Sie – wenigstens für gewisse Stunden – ihre Baumwollhöschen und Flanellnachthemden.

Vielleicht interessieren Sie noch ein paar Tips, welche ›Requisiten‹ im Schlafzimmer absolute Hits sind und welche sich einfach als Flop erweisen:

● Schlafzimmer-Hits sind:
Seidene Strümpfe
Strapse
Strumpfbänder aus Spitze

Seidene Hemdchen mit dünnen Trägern
fließende Nachthemden im Glamourlook
spitzenbesetzte Büstenhalter
Morgenmäntel aus fließender Seide à la Rita Hayworth
● Schlafzimmer-Flops sind:
Strumpfhosen und Kniestrümpfe aus Perlonkrepp
Miederhosen
Nachthemden aus Flanell mit Biesen oder winzigen Auf-
drucken
Plissee
Pantoffeln
Trikots
Baumwollene Unterhosen mit langen Beinen
Wattierte Steppschlafröcke

Was für uns Frauen im Schlafzimmer gilt, das gilt natürlich auch für Sie, meine Herren. Wenn Sie uns in
ausgeleierten Schlafanzughosen, mit einem verwa-
schenen Jogginganzug oder einem rot-blau gestreiften
Krankenhaus-›Morgenrock‹ gegenübertreten, dann haben Sie schlechte Karten. Sie sind dann nicht der Mann,
der unsere Sinne verwirren soll, sondern bestenfalls einer, der uns zu einem — wenn auch kurzen — Lachanfall
reizt! Auch für Sie gibt's Witziges für ›darunter‹ — Boxer-
shorts, passende Hemden, Schlafanzüge und Morgenmäntel aus Seide. Natürlich gibt es auch hübsche Bade-
mäntel, und die müssen schon aus Frottee sein oder aus
Leinen. Sie müssen aber nicht unbedingt rot-blau gestreift sein.

Endlich im Schlafzimmer — und nun?

Fantastisch — jetzt haben Sie endlich das geschafft, was
Sie doch schon den ganzen Abend lang wollten!
Sie sind im Schlafzimmer gelandet. Und jetzt dürfen
Sie bitte nichts überstürzen. Immer mit der Ruhe, auch

wenn Sie noch so aufgeregt sind, sonst können Sie überhaupt nichts mehr genießen. Zerstören Sie die erotische Stimmung nicht, in der Sie noch vor ein paar Minuten waren, indem Sie

- sich plötzlich anstarren wie die berühmte Schlange das Kaninchen,
- ihr ohne jede Vorwarnung die Kleider vom Leib reißen,
- ihn wie ein Stück Ware betrachten und ihn auch so betatschen,
- sie sofort aufs Bett zu schmeißen,
- unbedingt noch ins Bad müssen, um zu duschen — und zwar alleine,
- ihm erzählen, wie leidenschaftlich und toll Ihr Ex-Freund war,
- ihr den neuesten Witz erzählen.

Seien Sie zärtlich, umarmen Sie sich, küssen Sie sich. Machen Sie sich mit dem Geruch des anderen vertraut, mit seiner Art des Zupackens und der Intensität seines Begehrens. Sie können erahnen, welche Empfindungen das Zusammensein bereithält.

Fangen Sie an, sich auszuziehen. Auch hier gilt: schön langsam. Sie müssen nicht in Rekordgeschwindigkeit aus Ihren Klamotten hüpfen. Das können Sie machen, wenn Sie alleine sind. Und noch etwas lassen Sie lieber bleiben:

Versuchen Sie um Himmels willen nicht, als Striptease-Tänzerin aufzutreten oder als Sexbombe à la Marilyn Monroe.

Und Sie, meine Herren, versuchen Sie nicht, so unwiderstehlich schmachtend wie Clark Gable zu sein. Filmstars können das besser, die haben's gelernt. In Ihrem Schlafzimmer geht es doch um Gefühle — wenigstens in diesem Moment und an diesem Abend. Ich meine, Sie sollten sich nicht lächerlich machen und einfach so sein, wie Sie eben nun mal sind.

Sex ohne Vorspiel ist wie Suppe ohne Salz

Sie wissen ja, das Wichtigste bei der Liebe ist das Vorspiel. Es ist traurig, aber wahr: Viele Frauen beklagen sich häufig darüber, daß sich die Männer zu echten Ruck-Zuck-Liebhabern entwickelt haben. Wenn man in diesem Zusammenhang überhaupt noch von Liebhaber sprechen kann.

Die meisten Männer verstehen unter einem Vorspiel leider ausschließlich geschlechtliche Manipulationen, also sie fummeln ganz gezielt — auf ihre Wünsche abgestimmt — drauflos.

Die Information, daß Frauen sexuell langsamer reagieren als Männer, sitzt dem starken Geschlecht tief in den Knochen. Nur den wenigsten Männern ist klar, daß dieses Wissen unvollständig ist.

Frauen haben nämlich die Fähigkeit, ihre sexuelle Erregung ›vom Kopf her‹ zu steuern und anschwellen zu lassen. Und daher sind alle diese Fummeleien — und seien sie noch so gut gemeint — kaum oder gar nicht erregend.

Heidi hat das bei einem Interview sehr offen gesagt: »Ich will nicht einfach so schweigend betatscht werden. Was ich brauche, sind heiße Worte, ein erotisch geflüstertes Gespräch, das meine Fantasie anregt.«

Oder Elke: »Ein lehrbuchgemäßes Vorspiel, das genau fünf Minuten dauert, das ist für mich entsetzlich. Ausgebuffte Sextechniken geben mir sehr viel weniger als eine zärtliche Atmosphäre und ein inniges Gespräch.«

Und Gerda beschwerte sich: »Mein Mann kommt ins Bett und dreht das Licht aus, dann faßt er meinen Busen an und legt sich wortlos auf mich. Ich kann dabei überhaupt nichts empfinden und bin froh, wenn alles vorbei ist. Einen Orgasmus habe ich schon lange nicht mehr.«

Diese Störungen sind oft darauf zurückzuführen, daß es den Frauen an dem Gefühl mangelt, geliebt zu werden. Auch das raffinierteste körperliche Vorspiel kann dieses Gefühlsmanko nicht ausgleichen und wettmachen. Vielen Männern erscheint das zärtliche Gespräch mit dem Partner als läppisch und ach so alberne ›Gefühlsduselei‹.

Aber nicht nur die Frauen beklagen sich bitter, daß die Männer nicht zärtlich genug sind, auch Männer wollen das Gefühl haben, geliebt und begehrt zu werden.

Die Aussagen der Männer zeigen ziemlich deutlich, was passiert, wenn sexuelles Vorspiel als Einbahnstraße zum Orgasmus der Frau mißverstanden wird, als Preis, den der Mann dafür zu zahlen hat, daß er von Natur aus schneller kommt:

Die Frauen verhalten sich häufig tatsächlich passiv, weil sie überzeugt sind: Nur ich brauche das Vorspiel.

Die Männer plagen sich ab und haben das Gefühl, zu kurz zu kommen.

Ulf sagte das bei einem Interview sehr klar: »Immer müssen wir alles bestimmen. Warum machen die Frauen es nicht auch mal. Ich will auch geliebt, geküßt und gestreichelt werden. Ich glaube, Frauen haben noch nicht begriffen, daß wir Männer nicht ununterbrochen funktionieren und schon gar nicht auf einen Knopfdruck.«

Machen Sie sich also frei von Ihren falschen Vorurteilen und den völlig verkehrten Hemmungen — daß zärtliche Worte unmännlich und liebevolle Gesten lasterhaft seien.

Sex oder besser gesagt Liebe ohne Vorspiel, das ist wie eine Suppe ohne Salz.

Vergessen Sie nie:

Vorspiel heißt ›vorher spielen‹, sich liebevoll und entspannt miteinander zu beschäftigen.

Daß dazu natürlich auch die Umgebung stimmen muß, ist selbstverständlich. Minusgrade im Schlafzimmer, körbeweise Wäsche oder ein abgestelltes Bügelbrett sind wirklich nicht die richtige Umgebung, um sich zärtlich zu lieben. Also, solche Dinge müssen unbedingt aus diesem Zimmer verbannt werden!

Und damit Sie auch Langeweile aus dem Bett verbannen und wieder Lust am Sex haben, einige Tips, wie Sie Ihre ›Liebesgeister‹ erwecken können:

Wichtig für sie:

● Von der sexuellen Erregung Ihres Partners sollten Sie sich nicht dazu verleiten lassen, auf das Vorspiel zu verzichten. Seine Erektion darf ruhig einmal verschwinden − sie wird bestimmt wieder kommen.

● Männer wollen berührt werden, genau wie Frauen. Tun Sie das, nicht zu zaghaft. Fragen Sie ihn, welche Berührungen er am liebsten mag.

● Sie müssen Ihrem Partner zeigen und es ihm immer wieder sagen, wie er Ihnen beim Vorspiel Lust bereiten kann. Er weiß es nicht genau, und erraten kann er es nicht.

● Ein gemeinsames Schaumbad ist ungeheuer anregend und natürlich auch gut für die Hygiene. Unter der Dusche zu zweit kann es außerordentlich vergnüglich werden.

● Wenn Sie das Vorspiel zu lange hinauszögern, dann überfordern Sie damit den Mann sehr leicht. Seine Lust schlägt dann möglicherweise in Unmut um.

● Männer lieben es, eine nackte Frau anzusehen. Sträuben Sie sich also nicht gegen gedämpftes Licht bei der Liebe.

● Auch wenn es Ihnen beim Vorspiel in allererster Linie um Zärtlichkeit, Wärme und Geborgenheit geht, dürfen Sie eines nicht tun: Gebrauchen Sie nicht die Babysprache. Verspielte Babylaute machen das Vorspiel unerotisch.

● Passen Sie sich nicht an, das ist falsch. Zeigen Sie ihm und zwar deutlich, was Sie gerne mögen. Wenn Sie erst mal auf bestimmte Praktiken des Partners mit geheuchelter Lust reagieren, dann ist er verstört, sobald Sie nicht mehr anspringen.

● Wenn Sie glauben, daß zu einem befriedigenden Vorspiel nur ein williger Partner nötig ist, dann irren Sie sich. Damit die Lust überhaupt zustandekommen und dann auch möglichst lange genossen werden kann, ist schon eine Menge mehr nötig. Und hier wären wir wieder bei der erotischen Stimmung angelangt. Und dazu gehören halt angenehme Zimmertemperatur, gedämpftes Licht und zärtliche Musik.

Wichtig für ihn:

● Verwöhnen Sie Ihre Partnerin nicht mit Zärtlichkeiten, die ausschließlich Ihre Erregung steigern. Seien Sie kein Egoist im Bett!

● Beweisen Sie Einfallsreichtum und spulen Sie nicht ganz automatisch ein Vorspiel ab, das Ihnen bei einer anderen Partnerin gute Noten einbrachte.

● Manchmal findet eine Frau eine Blitzattacke reizvoll. Erwarten Sie aber nicht, daß sie immer sofort zum Liebesakt bereit ist. Eine Frau fühlt sich sonst als Sexobjekt mißbraucht.

● Haben Sie keine Angst, wenn Sie Ihre Partnerin beim Vorspiel nicht erregen können. Bitten Sie sie doch, sich selbst zu stimulieren. Damit ist nicht nur ihre Erregung gesichert. Sie können auch eine ganze Menge lernen.

Für Frauen mit Orgasmusstörungen und für Männer, die sehr schnell den Höhepunkt erreichen, gilt eine Faustregel: Das Vorspiel soll etwa so lange dauern, wie die Frau bei der Selbststimulation braucht, ihren Höhepunkt zu erreichen.

Es gibt Frauen, die lieben ›vorher‹ Oralsex. Hier müssen Sie darauf achten, daß Sie nicht schon nach einer kurzen Stimulation wieder abbrechen. Denn entweder ist noch gar keine Erregung entstanden, oder aber sie ist blitzartig wieder verschwunden. Es läßt sich zwar nicht immer machen, aber erfahrene Männer wissen, daß das ideale Vorspiel bereits am Morgen beginnt. Ein Anruf zwischendurch, ein paar zärtliche Worte, ein paar Blumen und ein winziges Geschenk beim Nachhausekommen — das sind Dinge, die Frauen lieben, und verläßliche Stimmungsmacher. Herrlich, wenn es während des Vorspiels zu einem Höhepunkt der Frau kommt. Aber, Sie wissen ja, das ist nicht Sinn und Zweck bei jedem Vorspiel.

Im Kuß sieht fast jede Frau einen innigeren Liebesbeweis als im Geschlechtsakt selbst. Ein Vorspiel ohne Küsse wirkt deshalb auf die meisten Frauen so eiskalt wie Sex mit einer Maschine. Küssen Sie öfter!!

Bin ich wirklich attraktiv?

Ist Ihnen das schon mal passiert: Sie liegen mit dem Mann, den Sie lieben, im Bett, er streichelt Sie zärtlich, und plötzlich denken Sie: Hoffentlich hat er nicht gesehen, daß mein Busen nicht mehr straff genug ist. Und gegen meine Zellulitis muß ich demnächst unbedingt was tun. Oder Sie versuchen krampfhaft, den Bauch einzuziehen, damit er die paar überflüssigen Pfunde nicht so merkt! Machen Sie sich darüber keine Sorgen. Denn damit zerstören Sie sich die ganze Lust. Er hat längst gemerkt, daß Sie keine vollkommene Schönheit sind, und er liebt Sie trotzdem!

Ihre kleinen Schönheitsfehler sind auch überhaupt kein Grund, sich nur in vollkommener Dunkelheit zu vergnügen. Daß Sie ihm gefallen, wissen Sie doch. Schließlich sind Sie doch gemeinsam im Bett gelandet.

Und sollten Sie erfahrener sein als er (das soll ja manchmal vorkommen), dann genießen Sie es, ihm noch etwas beibringen zu können.

Falsch verstandene Scham, vielleicht auch durch die Erziehung, ist im Bett wirklich fehl am Platz. Und den Satz: »Brave Mädchen tun das aber nicht!«, den vergessen Sie bitte sofort! Nicht nur Frauen, auch Männer haben so ihre Probleme. Das beginnt schon bei den kleinen Jungs. Sie sind neugierig zu erfahren, wer denn nun in der Clique den größten Penis hat und wer am weitesten pinkeln kann.

Eines ist jedoch sicher, die Größe des Penis hat nichts mit der Fähigkeit zu tun, den Partner zufriedenzustellen oder Freude am Sex zu haben.

Und damit jetzt alle Unklarheiten beseitigt sind: Die Durchschnittslänge eines erigierten Penis beträgt zwischen 15 und 16 Zentimeter. Das kann variieren, denn alle Männer sind ja zum Glück nicht gleich. Keine Frau wird im Schlafzimmer ihr Handtäschchen öffnen und ein Maßband herausholen, um nachzumessen.

Ich finde, es wird doch immer wieder — bei Männern und bei Frauen — viel Lärm um nichts gemacht!

Was ist denn der Super-Orgasmus?

Ich weiß es, Sie wissen es, eigentlich wissen wir es alle: Der weibliche Orgasmus ist die allergrößte Supererfindung der Neuzeit!

Es gibt Sex-Handbücher, sexualtherapeutische Kurse und Artikel in Tageszeitungen, in denen uns immer wieder gesagt wird, wie man am besten und am schnellsten zum Orgasmus kommt.

Es gibt Statistiken, in denen man genauestens nachlesen kann, in welchem Alter eine Frau wie viele haben kann — und haben sollte.

Und wenn dann eine Freundin erzählt, daß sie in der letzten Nacht mit einem tollen Mann so oft gekommen ist, daß sie es gar nicht zählen konnte, dann steht man doch daneben und fängt an zu grübeln. Überhaupt: Heute wird vom Orgasmus so gesprochen wie vom Kochen oder vom Kleiderkaufen.

Vergessen Sie Handbücher und Geschwätz: Ein Orgasmus ist nun mal der Höhepunkt der sexuellen Erregung — nichts anderes. Ein Orgasmus ist kein ›Muß‹!

Wenn's wirklich mal nicht klappt, dann müssen Sie deshalb nicht deprimiert sein. Es gibt Frauen, die sagen: »Ich hatte zwar keinen Orgasmus, aber ich war trotzdem glücklich mit meinem Mann.« Ein Münchner Sexualtherapeut bricht eine Lanze für die unter ständigen ›Erfolgszwängen‹ stehenden Männern: »Es muß einem doch gestattet sein, und es ist doch nichts dabei, wenn ein Mann – ohne Orgasmus – in seiner Frau einschläft.«

Und dann sollten Sie auch noch wissen, was Amerikas zur Zeit erfolgreichster Sexualerzieher, Dr. Michael Carrera, zum Thema Orgasmus sagt: »Kurz vor dem Orgasmus sind Herzfrequenz, Blutdruck und Atemfrequenz auf ihrem Höhepunkt angelangt; viele Muskeln sind gespannt. Was den Orgasmus schließlich auslöst, weiß man nicht genau. Es scheint eine komplexe Wechselwirkung körperlicher, emotionaler, sozialer und hormoneller Faktoren zu sein, und es kann noch andere geben, von denen man im Moment noch nichts weiß...«

Ich hoffe aber, Sie wissen wo's lang geht, lassen Sie sich nicht verunsichern, und genießen Sie ihn – Ihren Orgasmus.

Es klappt nicht

Was tun Sie aber als kluge Frau, wenn's ›nicht klappt‹? Sie verlassen hoffentlich nicht unter Protestgeschrei blitzartig das Bett! Das kann ja mal vorkommen, und Sie hatten ja lange genug Zeit, um festzustellen, ob er ein guter oder ein schlechter Liebhaber ist.

Es hätte Ihnen auffallen müssen, an der Art

- wie er Sie ins Schlafzimmer komplimentiert,
- wie er Sie ansieht,
- wie er Sie auszieht,
- wie er Sie küßt
- und wie er Sie streichelt und wie er schmust.

Wenn Ihnen jetzt erst auffällt, daß er wirklich nicht das hält, was er versprochen hat, dann können Sie immer noch den Rückzieher machen, sich von ihm verabschieden und nach Hause fahren. Oder wenn er bei Ihnen ist, ihn bitten zu gehen. Weil Sie morgen einen anstrengenden Tag haben.

Recht fadenscheinige Geschichten, zugegeben. Aber immer noch besser, als auf die Dinge zu warten, die doch nicht mehr passieren werden.

Wenn Sie aber trotz allem überzeugt sind, einen guten Liebhaber, nur mit einer momentanen Störung, im Bett zu haben, dann achten Sie bitte auf folgendes:

● Machen Sie keine Witze über sein sexuelles Versagen. Sie könnten ihm allenfalls einen Minderwertigkeitskomplex anzüchten.

● Nehmen Sie keine fordernde Haltung ein. Das würde ihn nur noch mehr unter Leistungsdruck setzen.

● Wenden Sie sich von ihm aber auch nicht ab. Sie verstärken seine Angst, wirklich ein Versager zu sein.

● Reagieren Sie nicht mit übertriebener Fürsorglichkeit. Mütterlichkeit gegenüber dem Partner im Bett tötet jede aufkeimende sexuelle Empfindung.

● Helfen Sie ihm lieber, es gibt doch viele Möglichkeiten, ihn wieder (oder noch mal) in Stimmung zu bringen:

● Gönnen Sie sich ein Ruhepäuschen. Kuscheln Sie sich ganz eng an ihn und schlafen Sie eine Runde. Das kann wahre Wunder wirken!

● Hüpfen Sie wieder mal gemeinsam in die Badewanne – den duftenden Schaum nicht vergessen. Und bitte, die Temperatur muß stimmen: Zu heiß gebadet macht schlapp und müde und zu kalt – naja, Sie wissen schon, was dann wieder passiert.

● Streicheln Sie ihn oder – noch besser – massieren Sie ihm sehr sanft den Nacken, den Rücken, die Beine, die Füße, den Bauch. Ganz ohne sexuelle Forderungen. Er kann sich dabei entspannen, sich einfach fallen lassen. Mit einem Wort: Er kann sich rundum wohl fühlen.

- Signalisieren Sie ihm bei allem, was Sie tun, daß Sie Freude am Liebesspiel mit ihm haben und deshalb gemeinsam mit ihm das Problem bewältigen wollen.
- Ich finde auch, Ihr Partner sollte unbedingt von Ihnen hören, daß er keine Erektion haben muß. Diese wird sich nach und nach wieder einstellen und immer länger anhalten.

Lippenbekenntnisse, ganz intim

Weil wir gerade so schön beim Verwöhnen sind, wissen Sie bestimmt auch, worauf Männer ganz besonders stehen. Sie lieben intime Küsse, ganz genau gesagt: Sie lieben oralen Sex.

Die Frage, warum Männer so wild auf diese Liebkosungen sind, darüber rätseln die Psychologen schon lange. Eine Erklärung will ich Ihnen nicht vorenthalten: Die Fachleute glauben, daß die knieende Position, die die Frau beim Oralsex meist einnimmt, dem Mann eine gewisse sadistische Befriedigung verschafft oder zumindest das Gefühl der Macht ermöglicht.

Auch gut.

Aber was sagen die Männer selbst dazu? Die folgende Erklärung finde ich gut: »Es ist einfach ein tolles Gefühl. Außerdem gibt es mir die Sicherheit, wirklich begehrt zu werden.«

Aber sehr viele Frauen, auch die verliebtesten, können nicht über ihren Schatten springen. Sie bringen diese Zärtlichkeiten nicht über ihre Lippen. Es wäre jedoch völlig verkehrt anzunehmen, daß diese Frauen ihren Partner nicht begehren oder lieben. Für viele Frauen ist die Genitalzone immer noch etwas Verbotenes, etwas Schmutziges und das männliche Glied ein Ausscheidungsorgan. Natürlich wissen sie, daß ein frischgebadeter Mann an keiner Körperstelle unhygienisch ist. Aber die Ekelschranke kann tatsächlich so groß sein, daß sie beim besten Willen nicht überwunden werden kann.

Das kann manchmal auch umgekehrt sein. Daß der Mann, der die intimste Stelle seiner Partnerin liebkost, plötzlich nicht mehr heiß ist, sondern zum Eisklotz erstarrt. Wenigstens innerlich! Warum? Ganz sicher nicht, weil er sich ekelt. Aber es gibt immer noch unverbesserliche Reinlichkeitsfanatikerinnen, die sich vor Intimküssen am liebsten chemisch reinigen oder desinfizieren würden. Der Geruch von Intimsprays oder Vaginalduschen bringt einen Mann nicht in Liebesstimmung. Er erinnert ihn bestenfalls an die keimfreie Atmosphäre einer Krankenhaus-Isolierstation.

Auch der intensive Duft von Veilchen, Maiglöckchen oder Jasmin taugt dem männlichen Geruchs- und Geschmackssinn nicht. Der Mann, der seine Partnerin so intim küßt, sucht einzig und allein den natürlichen Geruch und Geschmack einer Frau. Denken Sie daran, wenn Sie das nächste Mal Ihre Spray-Flaschen zur Hand nehmen.

Sie haben schon bemerkt, ein heikles Thema. Jedenfalls, das Vergnügen an oralen Liebesspielen ist natürlich eine Frage der Erfahrung. Zarte Versuche des Mannes sind also durchaus vertretbar. Nur: Wenn sich eine Frau für diese Liebespraktik überhaupt nicht erwärmen kann, sollten Sie als Mann diese auch nicht erzwingen.

Schließlich gibt es ja noch andere Liebesspiele, die ebenso reizvoll sind und Spaß machen.

Lügen im Bett bringen gar nichts

Es gibt noch einen Punkt, den ich unbedingt ansprechen will. Ich meine die Sache mit den Bettlügen. Und das geht jetzt mal Sie ganz alleine an, meine Damen!

Wenn Ihr Partner ›nicht kann‹, dann bleibt Ihnen das ja nicht verborgen. Meist jedenfalls nicht. Sie sind doch in der glücklichen (?) Lage, einfach so tun zu können, als würde die Leidenschaft Ihre Sinne trüben, wenn er Sie zum Orgasmus zu bringen versucht. Leider haben Sie nur geschwindelt, vorgetäuscht.

Und wissen Sie was, einen Orgasmus vorzutäuschen ist wohl der dümmste Fehler auf sexuellem Gebiet, den Sie machen können. Sie sind diejenige, die zu kurz kommt. Und je mehr Sie vortäuschen, desto mehr kommen Sie zu kurz.

Wenn Sie dann dem Mann, den Sie lieben, auch noch sagen, daß Sie ihn getäuscht haben, kann es der zerstörerischste Fehler überhaupt sein. Sie haben dann den Mann in seinem männlichen Stolz verletzt und sein Selbstvertrauen zerstört. Das muß doch nicht sein.

Sagen Sie es ihm, wenn es bei Ihnen nicht so geklappt hat, wie Sie beide es sich vorgestellt hatten.

Er dreht sich um...

Wissen Sie, meine Herren, welches Gefühl eine Frau überkommt, wenn sie nach der Liebe sofort ein schnarchendes Bündel Mann neben sich im Bett hat? Ich sag's Ihnen — ein einsames, leeres und manchmal deprimierendes Gefühl.

»Warum dreht er sich denn immer gleich zur Wand und schläft ein? Ich würde so gerne noch ein wenig zärtlich sein.« Das fragen sich sehr viele Frauen. Klar, jeder hat sein Recht auf den wohlverdienten Schlaf. Aber ganz ehrlich, ein paar Minuten danach können Sie noch wach bleiben. Es kommt nur auf den Versuch an:

Nehmen Sie Ihre Partnerin in den Arm, sagen Sie, daß es wunderschön mit ihr war — und schlafen Sie mit ihr im Arm ein. Das innige Gefühl des Zusammenseins hält an — bis Sie morgens früh wieder aufwachen — und zwar zusammen.

Und dann haben Sie auch einen richtigen guten Morgen.

Schönen, guten Morgen und dann...

Ich gehe also davon aus, Sie haben einen echt guten Morgen danach. Sie kennen das Gefühl, nebeneinander aufzuwachen, sich schlaftrunken anzublinzeln, sich nochmals zusammenkuscheln, sich zärtlich streicheln. Dann ins Badezimmer – in die Badewanne oder unter die Dusche. Anschließend das gemeinsame Frühstück – wer es zubereitet, ist eigentlich egal und hängt auch ein wenig davon ab, wer nun Herr oder Frau am Herd ist. Nur es muß gut sein: Tee oder Kaffee, Honig, Marmelade – na ja, das wissen Sie ja eigentlich selber. Und wenn Sie im Bett frühstücken, kann man verliebte Pausen einlegen – um sich zu küssen oder mehr.

Aber ich glaube, wie man ein Frühstück zu zweit im Bett veranstaltet, das wissen Sie und haben auch Übung darin. Daß einer Nacht voller Euphorie nicht immer ein ebensolcher Morgen folgen kann, ist leider unvermeidlich.

Mit ausgesprochenem Unbehagen stellen Sie beim Aufwachen fest, daß Sie einen ›Fremdkörper‹ im Bett haben. Und wünschen diesen natürlich auf der Stelle möglichst weit weg.

Ich weiß schon, jetzt ärgern Sie sich, daß Sie am Abend vorher zu faul waren, nach Hause zu fahren.

Daß Sie zu feige waren, klipp und klar zu sagen, daß er oder sie nicht Ihr Typ ist – um sich gemeinsam im Bett zu vergnügen.

Auf einen Nenner gebracht, jetzt sind Sie sauer auf sich selbst, einen unter Umständen vermeidbaren Mißgriff gemacht zu haben. Aber keine Panik, die Situation läßt sich sehr elegant lösen: Sie können aufstehen, ins Bad gehen und dann mit einem freundlichen ›Tschüß‹ verschwinden.

Sie können – wenn Zeit dazu ist – zusammen frühstücken. Allerdings nicht im Bett. Daß Sie froh sind, den anderen nicht mehr zu sehen, das müssen Sie ja nicht direkt sagen. Sie können, falls Ihr Bettpartner noch schläft, leise aufstehen und Ihren ›Abflug‹ in die Wege leiten. Trotz aller Enttäuschung: Ein kleiner Zettel zum Abschied ist doch sehr nett. Was drauf stehen soll? Nicht viel, nur daß Sie es ausgerechnet heute morgen so eilig hatten.

Wenn Sie allerdings den Morgen danach gemeinsam verbringen und alles ist harmonisch und in bester Ordnung, dann gibt es doch noch einiges, was Sie niemals tun dürfen – wenn Sie an einer Fortsetzung der Verbindung interessiert sind:

- Sagen Sie nie: Ich will dich genau kennenlernen, erzähl was von dir!
- Setzen Sie sich nicht mit ungekämmten Haaren, ungeputzten Zähnen und ramponiertem Make-up an den Frühstückstisch.
- Fragen Sie nicht: Wen triffst du heute noch?
- Bieten Sie nicht an, das Bett zu machen oder überhaupt die Wohnung aufzuräumen.

Derartige hausfrauliche Betätigungen können ins Auge gehen: Er könnte nämlich annehmen, daß Sie sich klammheimlich in seiner Wohnung einnisten wollen. Wenn überhaupt – im Augenblick ist daran noch gar nicht zu denken.

Wenn Sie allerdings unentschlossen sind und gerne mithelfen wollen, dann kann sich ja immer noch einer um die Küche und einer ums Bettenmachen kümmern.

Wenn Sie es so lösen, dann fühlt sich keiner von beiden in seiner Freiheit bedrängt.

Warum ruft er denn nicht an?

»Also, ich ruf dich dann an«, das ist oft das Letzte, was wir von einem Mann hören – dann ist er verschwunden. Ist ja auch ganz normal, denn jeder von uns hat seine eigene Beschäftigung. Frauen neigen dazu, den Tag über an den schönen Abend und die leidenschaftliche Nacht und das beschwingte Frühstück am nächsten Morgen zu denken. Das ist gar nichts Böses, und es kann sehr schön sein. Ganz ehrlich, das Vor-sich-hin-Träumen ist herrlich: Man spürt noch seine Umarmungen, und man kann ihn noch riechen, wenn man die Augen zumacht.

Achtung, wenn Sie so verträumt an Ihrem Schreibtisch sitzen, kann das unter Umständen böse Folgen haben. Kein Chef will eine Mitarbeiterin, die den ganzen Tag vor sich hin träumt.

Nach Geschäftsschluß rasen Sie nach Hause, denn jetzt – jetzt könnte er sich ja melden. Sie haben ihm ja gesagt, wann Sie Ihr gemütliches Heim erreicht haben.

Dreimal klingelt's – einmal ist es Ihre Mutter, einmal Ihre Freundin und einmal, wie ärgerlich auch, ›falsch verbunden‹. Sie sitzen und starren das Telefon an. Fragen sich zum hundertsten Mal: »Warum ruft er denn nicht an?« Und dann zermartern Sie sich den Kopf: »Habe ich was falsch gemacht?« Lassen Sie solche Gedanken erst gar nicht aufkommen. Es muß wirklich nicht an Ihnen liegen, wenn er sich nicht meldet. Dafür gibt es tausend andere Gründe:

• Er hat die Telefonnummer verloren,
• er mußte unverhofft geschäftlich verreisen,
• er hat in dem Augenblick angerufen, als Sie mit Ihrer Mutter telefonierten.

Nun können Sie natürlich sagen: »Ist doch alles Quatsch; wenn er wirklich gewollt hätte, dann hätte er sich gemeldet!« Recht haben Sie, denn überall kann man telefonieren, er kann jederzeit Ihre Telefonnummer in Erfahrung bringen, und er hätte es noch einmal versuchen können, wenn bei Ihnen gerade besetzt war.

Also, fadenscheinige Erklärungen will ich wirklich nicht gelten lassen. Schließlich ist es doch so, daß wir Frauen unser Versprechen, ihn anzurufen, auch halten.

Nur, wir müssen verstehen lernen, auch wenn es schwerfällt, daß Männer einfach anders denken. Ist die Frau erst mal aus seinem Blickfeld verschwunden, dann denkt er nicht mehr − oder nicht mehr so intensiv an sie. Das muß überhaupt keine böse Absicht sein. Aber Männer haben im Laufe eines Tages Dinge im Kopf, die sie halt für viel wichtiger halten.

Nicht sehr schmeichelhaft, oder? Jedenfalls vorrangig sind für Männer das Geschäft, das Auto, die Freunde, die Kollegen, die Hobbys und... und... und...

Darüber lohnt es sich schon, einmal nachzudenken. Und wenn Sie richtig in sich gehen, sind Sie dann auch noch ganz sicher, keinen Fehler gemacht zu haben?

Ich will Ihnen um Gottes willen nichts einreden! Nur manchmal hilft es, wenn man sich darüber im klaren ist, welcher Typ Frau man ist. Ob man etwa zu den Frauentypen gehört, die Männer schlichtweg in Angst und Schrecken versetzen. So arg, daß sie sich nie mehr melden wollen?

Frauen-Typen − Männer-Typen

Die Anhängliche

Sie kennt ihn kaum, hat eine Nacht mit ihm verbracht − und schon wird er sie nicht mehr los. Er kann keinen Schritt mehr alleine tun. Sie ist immer da, ruft ihn ständig an, fragt, was er gerade macht. Sie verplant die Wochenenden, plant den Urlaub und macht Pläne für die Zukunft − die gemeinsame natürlich. Wenn er dann keine Lust mehr hat und nichts mehr von sich hören läßt, dann bricht sie zusammen. Sie glaubt, ihn und nur ihn geliebt zu haben. Dabei kann und will sie nur nicht alleine leben. Er aber kann das recht gut. Ist er das Anhängsel wieder los, ist er auch wieder glücklich.

Die Mütterliche

Sie ist der Typ, der schon am ersten Abend bei ihm sieht, daß nicht Staub gewischt ist, daß der Abwasch in der Küche sich türmt, daß die Betten nicht gemacht sind und an seinem Hemd ein Knopf fehlt. Sie pflegt ihn, wenn er Schnupfen hat, und bedauert ihn, wenn er Ärger im Büro hatte. Das alles ist ihm zuviel. Wenn er das will, kann er gleich zu seiner Mutter nach Hause gehen, die kennt ihn wenigstens genau. Mütterliche Frauen sind – verzeihen Sie mir bitte die Bemerkung! – sehr praktisch, aber auch sehr unerotisch.

Die Kumpelhafte

Das ist eigentlich das Allerschlimmste. Denn Frauen, die sich wie Männer benehmen, haben ganz offensichtlich die Emanzipation falsch verstanden. Sie hauen einem Mann zur Begrüßung auf die Schultern, daß er in die Knie geht, sie rennen vor ihm im Stechschritt in jedes Restaurant, sie trinken ihn mit Bier und Schnaps unter den Tisch. Es sind Frauen, für die das Wort Charme ein Fremdwort ist und die Angst davor haben, eine Frau zu sein. Vor so einem ›Kumpel‹ kann ein Mann gar nicht anders, als die Flucht zu ergreifen.

Die Angepaßte

Sie ist die Frau, die nie eine eigene Meinung hat. Ständig bemüht sie sich, ihm alles recht zu machen. Im Bett äußert sie niemals eigene Wünsche und ergreift nie die Initiative. Bei Diskussionen stellt sie sich ganz auf ihren Partner ein. Sie hat mit einem Wort Angst, ihn durch ihre Meinung zu verärgern und dadurch zu verlieren. Daß er vor einer solchen Frau wegrennt, ist klar. Sie ist ihm viel zu langweilig, eben viel zu angepaßt, und das braucht er nicht. Denn eine Partnerschaft muß auch verschiedene Meinungen verkraften können.

Das sind natürlich nur einige Frauentypen — und Sie wissen es selbst, daß es da noch viel mehr gibt —, die ein Mann nicht so besonders schätzt.

Ich meine, Sie sollten einmal über sich nachdenken! Und falls Sie einige Eigenschaften in dieser Richtung an sich bemerken, sollten Sie diese möglichst schnell ablegen.

Daß das nicht immer sofort gelingt, das weiß ich auch. Aber ein Versuch lohnt sich immer.

Und weil wir gerade so schön dabei sind, schlechte Eigenschaften ein wenig näher zu betrachten, muß ich natürlich auch einiges über Männer sagen, denen Sie lieber aus dem Weg gehen sollten:

Der Langweilige

Er ist der Typ Mann, der im wahrsten Sinne des Wortes auf eine Frau wie eine Schlaftablette wirkt. Er kann sich nicht unterhalten, er mag nicht tanzen, weil ihm das zu anstrengend ist. Ihm fällt überhaupt nichts ein, was man ohne große Vorplanung so ganz spontan unternehmen könnte. Und er ist ein Liebhaber ohne Pepp. Eben ein Langweiler. Wenn Sie an so einen Typen geraten, dann sind Sie für ihn nicht die Geliebte, sondern in erster Linie seine Entertainerin — denn ihm fällt ja nichts ein.

Der Sensible

Er hat eine herausragende Eigenschaft: Er ist ein guter Liebhaber, denn er geht auf alle Schwingungen seiner Partnerin ein. Aber er ist auch ein Mann, der bei einem traurigen Film in Tränen ausbricht, der bei einem derben Witz zusammenzuckt. Bei ihm hat man das Gefühl, ihn vor allem Bösen dieser Erde beschützen zu müssen. Überhaupt, der sensible Mann ist der Typ, der in seiner Verletzlichkeit jede Frau rührt — bis tief ins Herz. Nur was passiert, wenn Sie einmal beschützt werden wollen?

Da ist er dann nicht der Richtige — er hat dazu eigentlich kein Talent.

Der Karrieretyp

Gegen ihn ist im Prinzip nichts einzuwenden. Solange er auf dem Erfolgstrip ist, ist für ihn die Welt in Ordnung. Leider ist er aber ein Mann, der auch in Gesellschaft nur von sich erzählt, was er alles macht und was er damit alles verdienen kann. Gefühle sind für ihn eigentlich gar nicht vorhanden. Und wenn Sie ihm eine Szene machen oder ihn gar verlassen, dann stürzt er aus allen Wolken und behauptet auch noch, daß er das alles doch nur für Sie getan hat. Er ist ständig so beschäftigt, daß das Liebesleben zeitweilig vollkommen auf der Strecke bleibt.

Der Supermann

Er ist der Mann, der im Leben steht wie ein Baum. Er hat Kraft, er hat Mut und strahlt ununterbrochen wilde Entschlossenheit aus. Es ist daher kein Wunder, daß sich bei seinem Anblick viele Frauen wünschen, in seinen Armen zu liegen und vor der bösen Umwelt beschützt zu werden. Er will ständig hören, daß er der Allergrößte ist, auch im Bett. Er erzählt leidenschaftlich gerne von seinen unzähligen Weibergeschichten. Der Superman fällt aber in sich zusammen, wenn er einen läppischen Schnupfen hat. Dann ist er für Sie ein Pflegefall. Und das genießt er dann — so oft wie möglich.

So, um ganz sicherzugehen, daß ich jetzt nicht in alle bereitstehenden Fettnäpfchen getreten bin, sage ich es noch mal: Das sind nur einige Beispiele zum Nachdenken, wie Männer und Frauen sein könnten.

Es ist durchaus möglich, daß dies alles auf Sie überhaupt nicht zutrifft, und dann ist ja alles in Ordnung.

Gefühle — kann man sie zeigen?

Über die Gefühle kann man tagelang diskutieren, und man kann darüber streiten, wer seine Gefühle offen zeigen kann, der Mann oder die Frau.

Ich glaube, daß wir in der glücklicheren Lage sind, denn kein Mann wird schreiend weglaufen, wenn wir mal in Tränen ausbrechen oder einfach nur unseren Frust von der Seele reden wollen. Aber mit zuviel Gefühl und Gefühlsausbrüchen kann man auch eine ganze Menge kaputtmachen.

Tun Sie also, wenn es geht, folgendes nie:

- Rufen Sie ihn nicht an, um ihm mit tränenerstickter Stimme zu erzählen, daß gerade der Kanarienvogel gestorben ist.
- Veranstalten Sie keine Heularien, wenn er Ihnen nicht dreimal täglich versichert, daß er Sie liebt.
- Erzählen Sie ihm nicht, daß Sie sich alt und deprimiert fühlen, nur weil Sie ein paar Fältchen oder ein paar graue Haare entdeckt haben.
- Werfen Sie nicht schreiend mit den Tellern nach ihm, nur weil ihm das Essen mal nicht gut geschmeckt hat.
- Erzählen Sie ihm nicht mit weinerlicher Stimme die todtraurige Liebesgeschichte Ihrer Nachbarin.

Klar, daß die Männer wissen müssen, was uns im Moment so ungeheuerlich bewegt. Aber ich meine, es sollte wohldosiert sein. Wir haben doch alle eine gute Freundin oder eine Bekannte, die uns versteht, mit der wir über unsere Gefühle sprechen können. Aber wie ist es nun mit den Männern? Die haben es doch in dieser Beziehung echt schwer. Ihnen wurde doch schon als kleiner Junge von ihrer Mutter eingeredet:

- Ein richtiger Junge weint nicht!
- Ein richtiger Junge hat keine Angst!

● Und später hieß es für ihn immer:

Ein richtiger Mann kennt keine sentimentalen Gefühle, und wenn er sie trotzdem kennt, dann verbirgt er sie oder erstickt sie sofort im Keim!

Bei soviel falsch verstandener Männlichkeit muß man sich doch fragen: Ist ein Mann kein richtiger Mann, weil er mitleiden und mitfühlen kann?

Ist ein Mann nur dann ein richtiger Mann, wenn er Gefühle unterdrückt, so lange, bis er Magengeschwüre bekommt?

Ist ein Mann eine Memme, wenn er mal weint?

Man muß sich doch wirklich fragen, wie sich das Bild der Männlichkeit so verwischen konnte.

Die alten Griechen, die immer dann zitiert werden, wenn es um Heldentum, Edelmut und männliche Vorbildlichkeit geht, die durften zum Steinerweichen heulen.

Waren denn Agamemnon und Achilles und all die anderen Helden Homers jammernde Memmen?

Waren die tollkühnen Streiter, die Europa in den Persienkriegen verteidigten oder die, die mit Alexander dem Großen bis hin zum Ganges zogen, unmännlich? Sie vergossen alle ungehemmt ihre Tränen.

Heute hat man das vergessen, aber in der Antike wußte man um die reinigende und befreiende Kraft der Tränen und schätzte sie als wahre Göttergabe.

Schön — aber leider ewige Vergangenheit!

Ich frage Sie: Ist es denn wirklich erstrebenswert, einen emotionell so verarmten Mann an der Seite zu haben? Ich glaube nicht.

Ermutigen Sie ihn, seine Gefühle herauszulassen, wenn er sich über eine berufliche oder menschliche Enttäuschung kränkt. Gehen Sie über den Kummer des Mannes auch nicht einfach taktvoll hinweg.

Schaffen Sie eine ungestörte und entspannte Situation, damit er sich aussprechen kann.

Nehmen Sie ihn in den Arm und ermutigen Sie ihn: »Wein dich ruhig aus!«

Die kleinen Schwächen sind die schlimmsten

Nobody is perfect – stimmt, keiner ist perfekt – glücklicherweise!

Wo kämen wir da auch hin, mit all den vielen Perfektionisten. Denn gerade die kleinen Schwächen machen liebenswert.

Sie können einem aber auch so auf den Geist gehen, daß man am liebsten explodieren würde.

Nach einem *one-night stand* muß man sich mit den kleinen Fehlern und Schwächen des anderen nicht auseinandersetzen. Ist auch gut so, man sieht sich ja nicht wieder.

Ich spreche jetzt von der Situation, wenn ein Mann und eine Frau sich getroffen haben, eine Nacht zusammen verbrachten und daraus eben mehr wird. Ich will ja nicht gleich von der großen Liebe reden. Trotzdem, Sie versuchen nun eine Verbindung aufzubauen, die länger anhält als eine Nacht.

Da ist doch erst mal alles eitel Sonnenschein. Und dann, ganz klammheimlich wachsen sich völlig harmlose Eigenschaften oder Macken zu unerträglichen Eigenheiten aus.

Warum muß das so sein oder besser, warum ist das so? Warum bewahrt sich der Mann nicht den Glanz, den er in der ersten Verliebtheit ausstrahlte? Warum ist eine Frau nicht immer so verführerisch, lieb und schön wie am Anfang einer Beziehung?

Einfache Erklärung: Weil man im Beruf und Fremden gegenüber Zwängen unterworfen ist, weil es für jeden von uns unmöglich ist, sich gehenzulassen. Aber zu Hause, da läßt man sich gehen, läßt man dann die Maske fallen.

Ich geb' es ja zu: Frauen haben Gewohnheiten, die im Zusammenleben mit einem Partner furchtbar lästig werden können. Frauen sind im Alltag oft umständlich, manchmal sehr ichbezogen und auch vergeßlich.

Aber Männer neigen mehr dazu, ihren kleinen Schwächen nachzugeben. Dabei fallen mir natürlich auch gleich ein paar Sachen ein, die einem das Leben ganz schön schwer machen können:

- Er läßt die Zigarettenasche überall hinfallen,
- er raucht Pfeife und brennt ständig Löcher in Teppiche und Pullover,
- er schnarcht, rülpst und gibt noch andere Geräusche von sich.
- Sie geht mit Lockenwicklern zu Bett,
- sie tupft die fettige Nachtcreme nicht aus dem Gesicht,
- sie ist unordentlich und läßt ihre Klamotten überall herumliegen.
- Er mag ihre beste Freundin nicht,
- sie nörgelt, wenn er zuviel trinkt oder getrunken hat,
- er macht dumme Bemerkungen, wenn sie Auto fährt,
- sie macht sich lustig über seine Morgengymnastik.

Das sind zwar keine weltbewegenden Geschichten, aber sie können zermürben. Man soll sich halt keine Illusionen machen: Kein Mann und keine Frau bleibt so wie in den Flitterwochen oder so, wie sie sich kennengelernt haben. Aber keine Angst, gegen alle Makken ist ein Kraut gewachsen. Sie dürfen nur eines nicht:

Versuchen Sie nicht, Ihrem Partner beizubringen, wie Sie es gerne hätten. Das klappt nicht, denn jeder fühlt sich sofort unterdrückt, eingeengt und bevormundet.

Versuchen Sie bitte folgendes:

Völlig egal, was Ihnen an Ihrem Partner nicht gefällt, denken Sie immer daran, daß es in jeder Beziehung, auch in der allerbesten, Alltagsärger gibt. Der einzige Unterschied zwischen der guten und den schlechten Beziehungen ist der, daß in der guten Beziehung der kleine Ärger nicht gespeichert wird.

Schlucken Sie die Schwächen Ihres Partners nicht stillschweigend, sondern sagen Sie ihm, was Ihnen nicht paßt. Aber bitte nicht in einem schulmeisterlichen Ton.

Stellen Sie den kleinen Unarten Ihres Partners seine Stärken gegenüber. Sie werden angenehm überrascht sein!

Machen Sie bitte aus einer falsch ausgedrückten Zahnpastatube (übrigens ein sehr beliebter Streitpunkt) kein Drama. Eine Zahnpastatube ist eine Zahnpastatube und wirklich kein Gradmesser Ihrer Liebe.

Überhaupt: Sie dürfen nie das Lachen verlernen. Nehmen Sie doch alle Ärgernisse und kleinen Schwächen nicht so ernst. Denn Sie wissen doch: Durch Streiten, bissiges Knurren oder lautes Motzen verschwinden sie nicht, weil jeder von Ihnen ja jahrelang mit seinen eigenen kleinen Schwächen gelebt hat. Nun müssen Sie versuchen, alles auf einen Nenner zu bringen!

Waren Sie schon mal verheiratet?

Wissen Sie, was Sie in eine ganz schön schwierige Situation bringen kann?

Nein?

Dann sage ich es Ihnen: Wenn Sie sich in einen Partner ernsthaft verlieben, der schon mal verheiratet war.

Jetzt fragen Sie sich natürlich, warum das denn so schwierig sein soll.

Weil jeder, der einmal auf die Nase gefallen ist, den Fehler so schnell nicht mehr macht – wenn überhaupt.

Im Klartext heißt das: Wer einmal geschieden ist, warum auch immer, der hat Bindungsängste. Da wird dann schon genau überlegt: Soll ich oder soll ich nicht. Und da muß es sich ja nicht immer gleich ums Heiraten drehen. Eine ganz normale Partnerschaft kann hier schon zur Zwangsvorstellung werden. Wie bei Peter und Susanne: Sie lernten sich auf einer Fete kennen. Beide waren Feuer und Flamme, die erste Nacht zusammen war herrlich. Die folgende auch. Bis er sich dann nicht mehr bei Susanne meldete. Sie rief ihn an, schrieb ihm Briefe. Aber es nützte nichts mehr. Peter wollte sie nicht mehr sehen:

»Ich will mich nicht mehr fest binden, eine gescheiterte Ehe reicht mir. Versteh doch, für mich muß eine Beziehung fließend sein.« Das hat er ihr zum Abschied gesagt.

Mit fließend meinte Peter eine lockere, aber trotzdem intensive Beziehung. In der keiner von beiden irgendwelchen Zwängen unterworfen ist. Man sieht sich eben nur dann, wenn man wirklich Lust dazu hat. Für Susanne ist diese Entscheidung bis heute unverständlich.

Es kann natürlich auch anders gehen:

Günter, seit vier Jahren geschieden, wurde von seiner ersten Frau Heidi als kompromißloser Despot geschildert. Sie verließ ihn, weil sie einfach nicht mehr aushalten konnte, daß immer nur das geschah, was er wollte. Seit einem Jahr hat Günter wieder eine Lebensgefährtin, und Gisa kann sich überhaupt nicht vorstellen, daß ihr Günter jemals so egoistisch gewesen sein soll. »Er geht immer auf mich ein«, sagt sie immer wieder. Ist kein Wunder, Günter hat aus seinen Fehlern gelernt. Er riskiert nicht mehr, daß ihn eine Frau wegen bornierter Sturheit sitzenläßt.

Gudrun hat aus ihrer ersten Ehe ebenfalls gelernt: Sie wollte die perfekte Hausfrau sein, machte Gerd das Leben zur Hölle. Er durfte nicht mit Schuhen ins Haus, durfte seine Zigarren nicht rauchen, weil davon die Vorhänge gelb wurden, und wenn er mit seiner Frau endlich mal in zärtlicher Umarmung im Bett lag, mußte er hinterher sofort ins Bad, damit das Bett keinen Fleck bekam. Sie steht nun wieder kurz vor der Hochzeit und hat geschworen, so dumme Fehler nie mehr zu machen.

Sie sehen also, um Geschiedene muß man keinen Bogen machen, sie haben aus der Vergangenheit gelernt — zwangsläufig. Trotzdem, wenn Sie sich in einen Mann oder eine Frau mit Vergangenheit verlieben, dann müssen Sie auch bereit sein, eine ganze Menge Gefühlsballast zu bewältigen, damit es nicht zu Ende ist, bevor es überhaupt angefangen hat:

Akzeptieren Sie den Partner, der vor Ihnen war, und

glauben Sie ja nicht, daß es ihn nicht mehr gibt. Der Ex-Mann oder die Ex-Frau sind mit einer Scheidungsurkunde nicht einfach aus der Welt verschwunden. Es bleibt nicht aus, daß man noch zusammen telefoniert oder sich sogar noch sieht. In allen Ehren. Verlangen Sie nicht, diese Verbindung sofort abzubrechen, und versuchen Sie zu verstehen, daß Ihr Partner seine Vergangenheit noch nicht ganz bewältigt hat. Wenn er ihr aber noch nachtrauert, dann hilft nur eines – offen darüber zu reden. Für eine Partnerschaft ist es dann auch noch viel zu früh.

Diskretion ist angesagt! Solange der Partner nicht von sich aus Intimes aus seiner Vergangenheit erzählt, empfindet er Ihr Interesse als Neugier. Bohren und Nachschnüffeln ist schlecht, ein ehrliches Gespräch ist besser.

Ein geschiedener Mann ist nicht immer ein finanzieller Krösus, das müssen Sie wissen! Der Unterhalt an die Verflossene und Zahlungen an eventuelle Kinder fehlen in Ihrer Haushaltskasse. Bitte machen Sie hier keinen Fehler – setzen Sie sich mit diesem Problem frühzeitig auseinander, denn Sie werden nicht umhin kommen, ebenfalls zu arbeiten. Wenigstens in der ersten Zeit, damit er seinen Verpflichtungen an seine Ex-Familie nachkommen kann. Wenn Sie darauf jetzt schon sauer reagieren, sollten Sie mit so einem Mann keine neue Verbindung eingehen.

Nicht eifersüchtig sein auf seine Vergangenheit. Ich weiß schon, es ist manchmal nicht leicht, als zweite Frau die erste Geige zu spielen. Und ein Mann empfindet das umgekehrt genauso. Machen Sie die Erinnerung des Partners nicht kaputt, indem Sie bösartig über die oder den Verflossenen reden. Treten Sie den Freunden des Partners selbstsicher und ungezwungen gegenüber. Schließlich sind Sie kein popeliger Ersatz für einen anderen Menschen, sondern der strahlende Mittelpunkt in seinem jetzigen Leben.

Machen Sie bitte nicht den Fehler und schwärmen Sie

von Ihrem verflossenen Ehegespons. Es kann ja sein, daß er oder sie ein totaler Überflieger war, eine Kanone im Bett, einfach ein Mensch, der hervorragend war. Warum haben Sie sich dann eigentlich scheiden lassen?? Ihren Partner, mit dem Sie jetzt leben, den können Sie mit derartigen Schwärmereien überhaupt nicht motivieren, dem Vergangenen oder Verflossenen in irgendeiner Form nachzueifern.

Und das kann man ja auch verstehen!

Meine Kinder, deine Kinder...

Es gibt noch einen Punkt, der sehr wichtig ist, wenn Sie sich in einen geschiedenen Mann oder eine geschiedene Frau verliebt haben. Das sind die Kinder. Und die dürfen Sie auf gar keinen Fall unterschätzen.

Es ist ja wohl klar, daß Sie Ihren Nachwuchs nicht ständig mit wechselnden Partnern verwirren und konfrontieren.

Das heißt aber auch nicht, daß Sie vollkommen auf Ihr Liebesleben verzichten müssen, daß Sie es nicht mehr in Ihren eigenen vier Wänden ausleben können.

Die Kinder — je nachdem wie alt sie sind — werden das verstehen. Grundsätzlich sollten Sie im Umgang mit Liebhabern (ich sage das jetzt so, weil die Kinder ja meist bei der Frau leben) im Zusammenhang mit Ihren Kindern folgendes beachten:

● Beantworten Sie alle Fragen, die sie stellen, offen und ehrlich.
● Sagen Sie niemals, daß der Mann in Ihrem Bett ein entfernter Verwandter ist. So dumm sind die Kinder auch nicht.
● Stellen Sie Ihren Liebhaber nie als möglichen neuen Vater vor.
● Wenn der Mann die Kinder hat, dann kaprizieren Sie sich nicht auf die Rolle der Ersatzmutter.

● Anstatt eine verkrampfte Pseudomutter zu sein, versuchen Sie lieber, ein guter Freund oder Kamerad zu sein. Diese Rolle können Sie länger durchhalten.

Eines müssen Sie sich in jedem Fall merken: Kinder aus geschiedenen Ehen sind oft schwieriger, egoistischer und raffinierter als andere Kinder.

Und die Kinder sind auch nicht die niedlichen Kleinen, die man mit Eis oder einer Tüte Bonbons belohnt. Sie sind vielmehr das, was man im ersten Moment gar nicht vermutet: Kinder sind ebenbürtige und kritische Partner. Und als solche wollen sie auch behandelt werden.

Streiten — aber richtig...

Ein Gewitter reinigt die Luft — und genauso ist es, wenn Sie mit dem Partner mal so richtig streiten. Ich meine damit nicht, daß Sie tagelang fighten müssen, um Ihren Standpunkt deutlich zu erklären! Das ist in jedem Fall verkehrt.

Ich meine einen richtigen Krach, wo die Fetzen fliegen und wo man sich alles, was sich aufgestaut hat, an den Kopf wirft. Aber Achtung bitte: Das ›Fetzen fliegen‹ und ›an den Kopf werfen‹ meine ich nicht wörtlich. ›Fliegende Untertassen‹ bei einem Streitgespräch sind dumm. Dabei regen Sie sich nur unnötig auf. Streiten ist in einer Partnerschaft völlig normal und in Ordnung — aber nicht mit Emotionen, sondern mit Köpfchen!

Im Laufe einer Beziehung — und das kann auch schon nach einer recht kurzen Zeit passieren — entwickelt sich doch eine ganz spezielle Schwerhörigkeit gegenüber jeder Tonart des Schimpfens und des Nörgelns. Bösartige Vorwürfe, so ganz nebenbei, und Sticheleien prallen ab wie Regengüsse an einer Fensterscheibe.

Wenn Sie eine Situation, die für Sie unbefriedigend ist, ändern wollen, dann erreichen Sie mit Gehässigkeit überhaupt nichts! Mit einem handfesten Krach sind Sie da schon besser dran. Glauben Sie ja nicht, Sie täten Ihrem Partner etwas besonders Gutes an, wenn Sie um jeden Preis versuchen, einem Streit auszuweichen. Ein halbherziges ›Naja, du hast ja recht‹ glättet nur für den Augenblick Zornesfalten und -wogen.

Unterdrückte Gefühle und verdrängte Konflikte, die in einem Krach zur Entladung gekommen wären, sind nicht gut für die Partnerschaft. Wissen Sie warum? Weil sie die Spannungen, und zwar die positiven, in einer Verbindung ausleiern. Ernüchtert stellt man eines Tages fest, daß man sich auseinandergelebt hat und sich nichts mehr zu sagen hat. Also, man hat auf einmal nicht mehr Lust zum Streiten. Das finde ich langweilig, einfallslos und ein bißchen traurig.

Haben Sie deshalb keine Angst vor Auseinandersetzungen! Vermeiden Sie aber bitte den entnervenden Kleinkrieg. Weil der nämlich völlig entnervt und vollkommen aggressiv macht. Sie wissen ja selbst, wie alles immer wieder beginnt!

Da ist erst mal der berühmte Fragesatz, auf den der andere nur aggressiv reagieren kann: »Mußtest du auf der Party unbedingt deine politischen Ansichten verkünden?« oder »War das nun nötig, daß du den Wagen ausgerechnet in die Einfahrt stellst?«

Eine andere, viel härtere Variante kennen Sie auch: Bemerkungen wie »Was bildest du dir eigentlich ein?«, »Hältst du mich für blöd?« oder »Warum bist du denn so aggressiv?« können einen völlig um den Verstand bringen – vor lauter Wut auf den anderen!

Ist der Kampf erst richtig in Gang gekommen, dann gibt es nur noch lapidare Feststellungen:

Zum Beispiel: »Das kannst du mir nicht erzählen!«

Etwas stärker: »Du redest vielleicht einen Quatsch.«

Und noch stärker: »Du spinnst ja!«

Dazwischen werden immer wieder Empfehlungen eingestreut, die mit ›du solltest‹ anfangen. Etwa so: »Du solltest dir selber mal ins Gesicht sehen!« oder »Du soll-test lieber mal über dich nachdenken.«

Geht der Kampf unter beiderseitiger Erschöpfung seinem fruchtlosen Ende entgegen, werden Sätze gebraucht wie: »Du hast mich ja nie verstanden!« oder »Du mußt ja immer das letzte Wort haben.«

Zwei Dinge fallen hier auf – haben Sie sie auch bemerkt?

1. Jeder Satz fängt mit ›Du‹ an (in der Fachsprache nennt man das die Du-Botschaften).

2. Auf keine der Fragen oder Feststellungen kann der andere eine sinnvolle Antwort geben. Womit der Dialog ganz und gar sinnlos und damit überflüssig ist.

Daß eine streitbare Auseinandersetzung oder ein Superkrach in der Partnerschaft notwendig und nützlich ist, das wissen wir ja bereits.

Es hängt nur davon ab, wie die Auseinandersetzung geführt wird: destruktiv oder konstruktiv?

Wie macht man es nun ganz richtig?

Darüber sind schon viele kluge Bücher geschrieben worden. Leider haben sie alle den Nachteil, daß man sich gerade dann, wenn's darauf ankommt, ihres Inhalts nicht mehr erinnert. Bis Sie das Buch und dann auch noch die richtige Stelle gefunden haben, ist meist der Zorn verraucht.

Deshalb ist es besser, man merkt sich nur einige simple Streitregeln! Sie merken dann ganz schnell, wie weit Sie bei einem Streit gehen und was Sie erreichen können:

● Versuchen Sie eine Lösung für Ihr Problem zu finden oder sich überhaupt mit Ihrem Partner zu versöhnen, bevor Sie zu Bett gehen. Eine Versöhnung im Bett ist halbherzig. Denn wenn Sie am Morgen aufwachen, dann ist das Problem immer noch da, und alles beginnt wieder von vorn.

● Hören Sie auch einmal zu und basteln Sie nicht schon an Ihrer Antwort, wenn der andere noch spricht.

● Lassen Sie ihn unbedingt ausreden, auch wenn es noch so schwerfällt, und bestehen Sie darauf, daß er auch Sie ausreden läßt. Notfalls setzen Sie gemeinsam eine Redezeit von drei oder fünf Minuten fest (das wirklich nur in Härtefällen!!).

● Vermeiden Sie unter allen Umständen Du-Sätze (mit Ausnahme von ›Du bist ein Schatz!‹ oder so). In fast jedem Du-Satz steckt ein Vorwurf oder Angriff, er fordert den anderen zum Gegenangriff heraus, und schon ist die Holzerei wieder in vollem Gange.

● Vermeiden Sie, den anderen zu interpretieren. Sagen Sie ihm nicht, wie er denkt oder fühlt (das weiß er sowieso besser als Sie), sondern sagen Sie ihm, wie Sie fühlen und denken. Das zu wissen ist für den anderen sehr wichtig.

● Versuchen Sie, jeden Satz mit ›Ich‹ zu beginnen. Mit einer Ich-Botschaft kann man alles viel besser an den Mann/die Frau bringen, weil der andere darauf sinnvoll und nicht aggressiv antworten kann.

● Fangen Sie nie einen Streit zwischen Tür und Angel an. Um Probleme aus der Welt zu schaffen, braucht man Zeit und Ruhe. Nur so können Sie sich auf sachliche Argumente vorbereiten. Der Vorteil: Sie kommen dann wirklich auf den Punkt und bei der Diskussion nicht vom Hundertsten ins Tausendste. Vereinbaren Sie am besten einen Zeitpunkt, um miteinander zu reden.

● Überlegen Sie sich genau die Worte, mit denen Sie Ihren wahrscheinlich gerechtfertigten Unmut äußern wollen. Unsachliche Argumente und schrille ›Schreiereien‹ bringen gar nichts. Bleiben Sie im Streit immer fair und streiten Sie nie vor Außenstehenden. Dabei geht das meiste Porzellan kaputt.

● Inszenieren Sie einen banalen Streit nicht als bühnenreifes Drama. Tränenausbrüche und der beliebte Satz: »Mir reicht's, ich zieh aus!« helfen nicht weiter!

Wenn Sie sich nur ein bißchen an diese Regeln halten, haben Sie schon gewonnen und laufen nicht gegen eine sprichwörtliche Wand...

Sind Sie treu? Oder...?

Wenn ich Sie, meine Damen, jetzt frage, wie Sie es mit der Treue halten, dann weiß ich (fast) genau, was Sie mir antworten: »Na so was, selbstverständlich bin ich treu, wenn ich jemanden liebe.« Und Sie, meine Herren, was sagen Sie?

Natürlich — zuerst werden auch Sie behaupten, daß Sie treu sind, und dann die kleine Einschränkung machen: ›fast immer‹.

Zwei Dinge will ich gleich vorwegnehmen, damit keine Unklarheiten entstehen:

1. Wenn Sie sich nur mit schnellen Abenteuern begnügen, dann haben Sie ja überhaupt keinen Grund, irgendwem treu zu sein.

2. Nicht alle Männer, die in einer Partnerschaft leben, gehen fremd, und nicht jede Frau, die tagsüber Zeit hat, fängt aus lauter Langeweile ein Verhältnis mit dem Briefträger an. Trotzdem — die Treue wird von Männern und Frauen unterschiedlich empfunden. Männer, so heißt es, sind immer untreu gewesen. Alfred Kinsey hat in den fünfziger Jahren eine aufsehenerregende These aufgestellt: ›Ungefähr die Hälfte aller verheirateten Männer hat während ihrer Ehe Geschlechtsverkehr mit Frauen, die nicht ihre Gattinnen sind!‹

Der amerikanische Sex-Theoretiker Albert Ellis bestätigt diese Aussage und fügt noch hinzu: »Männer haben die Monotonie der Ehe satt. Sie finden sie zum Weinen langweilig. Monogamie ist nichts für Menschen, sie ist etwas für Engel.« Das ist ein großes Wort, sehr gelassen ausgesprochen, denn wer will schon Engel? Aber Spaß beiseite:

Wie sieht es in Wirklichkeit aus?

Sehr oft habe ich gehört: »Ich liebe meine Frau, aber wenn ich unterwegs bin und eine Frau treffe, die mir gefällt, dann gehe ich mit ihr ins Bett. Da nehme ich meiner Frau doch nichts weg.«

Und die Frauen sagen zum Thema Treue: »Ich war jahrelang wirklich treu. Nur in der letzten Zeit, da hat mein Mann keine Lust mehr zum Sex. Ich habe ihn mit einem anderen Mann betrogen. Aber nun habe ich ein schlechtes Gewissen.«

Das sind nur zwei Gründe, warum Männer und Frauen untreu werden. Und dafür gibt es noch eine Menge mehr.

Ich weiß, daß es für diese Probleme, die in einer Partnerschaft auftauchen können, keine allgemein gültige Lösung gibt.

Eines ist aber sicher: Männer reagieren ungemein hart, wenn sie ihrer Frau auf einen Seitensprung kommen: »Das geht zu weit, das halte ich nicht aus. Jetzt lasse ich mich wirklich scheiden!« – das sind die üblichen Gefühlsausbrüche. Wenn Frauen von der Untreue ihrer Männer erfahren, dann werden sie sehr unglücklich, sind depressiv und zerfleischen sich selbst, indem sie immer wieder fragen: »Was hat die andere nur, was ich nicht habe?«

Jedenfalls – kein Partner bricht in unbändiges Freudengeheul aus, wenn er vom Seitensprung des anderen erfährt. Und ich meine, das ist auch völlig in Ordnung so.

Es ist zwar kein hundertprozentiges Mittel, aber vielleicht können Sie sich derartige Enttäuschungen ersparen, wenn Sie sich ab und zu folgendes fragen:

● Nehme ich wirklich Anteil am Leben, am Beruf und an den Interessen meines Partners?
● Bin ich zu meinem Partner wirklich so zärtlich, wie ich es mir von ihm wünsche?
● Hat mein Partner wirklich noch das Gefühl, daß er für mich begehrenswert ist?
● Bin ich für den anderen immer noch attraktiv?
● Haben wir noch echte gemeinsame Interessen und Freunde?

- Sprechen wir noch zusammen über Ängste, Probleme und Gefühle?
- Ist unsere sexuelle Beziehung wirklich noch so aufregend wie am Anfang oder nur noch langweilige Pflicht?

Wenn Sie merken, daß etwas nicht mehr so ganz in Ordnung ist, dann können Sie doch etwas ändern.

Und da gibt es noch etwas, das Sie beherzigen sollten:

Es wird zwar immer wieder von absoluter Offenheit gesprochen und davon, daß man alles ausdiskutiert. Das ist alles recht und schön. Nur einen entscheidenden Einwand möchte ich trotzdem machen:

Wenn Sie nun tatsächlich untreu geworden sind, dann, glaube ich, ist es klüger und auch liebevoller, es dem anderen nicht unbedingt auf die Nase zu binden. Glauben Sie mir, es ist wirklich besser, auch in Ihrem eigenen Interesse, wenn Sie sagen: Was ICH (er) nicht weiß, macht mich (ihn) nicht heiß...

Daran können Sie Seitensprünge erkennen

Für den Fall, daß Sie sich Ihrer Herzallerliebsten doch nicht so ganz sicher sind, gebe ich Ihnen jetzt sechs Hinweise, wie Sie sehen können, ob Ihre Partnerin einen anderen hat:

- Sie hat neue Interessen, hört andere Musik als vorher (Klassik statt Rock), liest Bücher statt fernzusehen, lernt an der Volkshochschule Französisch.
- Sie kauft mehr Kleider (kocht dafür sparsamer). Sie macht sich sorgfältiger zurecht.
- Sie will ein eigenes Auto.
- Sie will plötzlich ausgehen (mit der Freundin, allein).
- Sie erfindet Ausreden im Bett: Kopfweh – Müdigkeit...

- Sie ist gutgelaunt und lieb und freundlich, wie schon lange nicht mehr.

Übrigens in diesem Zusammenhang sehr interessant: Zwei Drittel aller Ehemänner würden heute zähneknirschend einen Seitensprung der eigenen Frau erdulden – auch aus Angst vor den Scheidungskosten.

Fast alle aber glauben: »Meine Frau ist treu.«

Und daran merken Sie, meine Damen, ob Ihr Partner fremdgeht:

- Er macht Überstunden bis in die späte Nacht. Essen mit Geschäftsfreunden und Reisen übers Wochenende. Höchste Alarmstufe, denn er hat nicht nur die Liebe zu seinem Beruf entdeckt!

- Er entwickelt plötzlich Figurbewußtsein, geht regelmäßig zum Joggen, zur Gymnastik oder zum Bodybuilding, um ein paar Pfund abzunehmen. Wenn Er sich ›schlankere Anzüge kauft‹, dann besteht höchste Gefahr. Ein frisches Rasierwasser soll möglicherweise nur ein Damenparfum an seiner Kleidung überdecken.

- Er liest plötzlich wieder Bücher und interessiert sich für Filme, die ihn sonst kaltließen. Vermutlich will er seiner neuen Freundin imponieren.

- Er führt plötzlich stundenlang den Hund Gassi! Nur – wenn der Herr müder heimkommt als der Hund, dann ist wirklich was faul im Staate Dänemark. Und wenn er auf einmal seine Hosen- und Manteltaschen selbst ausräumt, bevor sie zur Reinigung kommen, dann nennt man das ›Spurenverwischung‹.

- Über Horoskope hat er immer nur gelächelt – und jetzt liest er sogar das Monatshoroskop, obwohl kein ›Schütze‹ in der Familie ist! Vorsicht auch, wenn er sagt: »Morgen ist Vollmond.« Vielleicht ist es ihm nicht bewußt – aber bei vielen Menschen beeinflußt der Mond die Liebesdrüsen.

- Sein Auto muß glänzen, und wenn er Raucher ist, leert er den Aschenbecher im Auto häufiger. Lippenstiftverschmierte Kippen einer anderen Zigarettenmarke — so leicht will sich doch kein Mann verraten. Auch die Autowäsche findet öfter statt. Außen und innen, immer alles blitzsauber, nicht ein einziges langes, blondes Haar auf dem Sitz: Auch die vertrauensseeligste Ehefrau könnte da mißtrauisch werden.

Und zu all dem muß ich Ihnen schnell was sagen: Kluge Frauen schlagen übrigens keinen Krach, wenn sie solche Anzeichen bemerken. Sie versuchen besser zu sein als die Rivalin.

Altersunterschied — spielt doch keine Rolle

»Die Braut sollte jung und gesund, der Mann gestanden sein!« So hieß einmal der allgemein gültige Rat für heiratswillige Paare.

Und an diesen Rat hat man sich — im allgemeinen — auch brav gehalten!

Heute ist das anders — heute hält man sich an keine alten Regeln mehr. Heute hält man sich an das, was das Gefühl einem rät. Das ist auch ein Grund dafür, daß alles, was mit unseren Gefühlen zu tun hat, untersucht und auseinandergenommen wird. Mit einem Wort, alles wird analysiert. Deshalb zerbrechen sich die Herren Analytiker und Psychologen immer wieder die Köpfe darüber, wie das nun ist, mit so ungleichen Verbindungen wie junger Mann und reife Frau oder älterer Mann und junges Mädchen. Können denn solche Verbindungen überhaupt gutgehen? Oder sind sie ganz falsch oder gar unmoralisch?

Alles Quatsch, die Hauptsache ist doch, daß Sie glücklich sind, da spielt das Alter doch nicht die überragende Rolle.

Und wissen Sie was, ich finde, daß Ihr Liebesleben wirklich nur Sie etwas angeht — und natürlich den dazugehörigen Partner. Daß reife Frauen sich in jüngere Mäner verlieben und mit ihnen auch zusammenleben, das ist heute nichts besonderes mehr. Dafür gibt es auch genügend Beispiele von prominenten Frauen. Über ihre Verhältnisse kann man ja fast täglich in der Boulevardpresse lesen.

Esther Ofarim hat mit ihren 43 Jahren den um 19 Jahre jüngeren Kameramann Phillip von Sell geheiratet.

Die Denver-Dame Joan Collins ist schon 52 und lebt mit ihrem Dauerverlobten Peter Holm (37) mehr oder weniger in Frieden. Hildegard Knef (58) und ihr Ehemann Paul von Schell (43) verkünden jedem, der es wissen will: »Die 15 Jahre Altersunterschied, die stören uns wirklich nicht.«

Das Phänomen reife Frau und junger Mann ist jedenfalls eingehend untersucht worden, und der US-Psychiater Robert Gould kam zu folgendem Schluß: »Frauen, ganz besonders Frauen, die im Rampenlicht stehen, die älter werden, fürchten sich vor nichts mehr als vor der Einsamkeit und dem Verlust männlicher Gesellschaft. Dadurch wird ihre Persönlichkeit und das Bild, das sie sich von sich selbst machen, zerstört. Aus diesem Grunde wenden sie sich jüngeren Männern zu. Wenn sie aber mit sich selbst ehrlich sind, wissen sie, daß sie einem Mann materielle Vorteile und Lebenserfahrung gegen seine Gesellschaft und sexuelle Gunstbeweise liefern.«

Natürlich wird auch noch ein anderes Argument, ein positives, zu der Partnerschaft ältere Frau und jüngerer Mann angeführt. Es lautet: Männer um die zwanzig sind auf dem Gipfel ihrer sexuellen Leistungsfähigkeit. Frauen erreichen diesen Gipfel erst um die vierzig!

Ist ja alles klasse, nur hier wird anscheinend angenommen, daß Sex alleine als Basis für eine Partnerschaft genügt. Ganz ehrlich, das ist zwar toll, aber doch ein bißchen arg wenig. Ein ganz wichtiger Punkt ist bei einer solchen Partnerschaft allerdings zu beachten. Auch wenn Sie das schon tausendmal gehört haben, ich sag' es Ihnen jetzt noch mal: Wenn er ein Kind haben möchte, dann können Sie ihm diesen Wunsch mit Ihren 40 oder 45 Jahren nicht mehr erfüllen. Jedenfalls nicht mehr mit gutem Gewissen, und einfach ist es auch nicht mehr. Für Sie jedenfalls!

Die Verbindung älterer Mann und jüngere Frau ist ja beinahe normal! Seit Urzeiten haben ältere Männer jüngere Frauen geheiratet. Der ältere Mann hat (fast immer) viel zu bieten: mehr Geld, mehr Ansehen, mehr Erfahrung und ein bequemeres und beschütztes Leben. Er ist außerdem sexuell erfahrener als das junge Mädchen oder die junge Frau. Hier mache ich eine Einschränkung: Das mit der sexuellen Erfahrung muß nicht immer stimmen!

Natürlich – wie könnte es anders sein – gibt es auch hierzu Untersuchungen. Zwei Jahre lang arbeitete die Psychologin Dorothy Foster und fünf Kollegen der University of Oklahoma an einer Studie über Männer, die mit einer jüngeren Frau leben. Untersucht wurden die Lebenserwartungen von Männern im Alter zwischen 50 und 79, die mit bis zu 24 Jahre jüngeren Ehefrauen verheiratet waren.

Das Resultat: Die Sterberate dieser Männer lag um 13 Prozent unter derjenigen von Männern mit gleichaltrigen Partnerinnen. Und: Die Sterberate von Männern mit älteren Partnerinnen lag 20 Prozent über dem Durchschnitt!

Zum Glück kommentiert die Psychologin Dorothy Foster ihre Untersuchung wie folgt: »Mit dem Ergebnis unserer Studie verhält es sich wie mit dem Ei und dem Huhn. Wir wissen nicht, was den endgültigen Ausschlag gibt für die längere Lebensdauer. Ob es wirklich die Jugendlichkeit der Frau ist oder ein unbekannter Faktor im Mann, der die Auswahl trifft.« Im Klartext heißt das, daß Männer mit jungen Frauen einfach länger leben!

Beim Thema älterer Mann/jüngere Frau fällt mir ein Spruch ein, den Filmidol und Frauenliebling Humphrey Bogart (45) kurz vor seiner Hochzeit mit der zwanzigjährigen Lauren Bacall zum besten gab: »Der reife Mann hat mehr von der Welt gesehen, mehr gelesen, mehr getan. Er weiß, wie man eine Frau umwirbt. Er hat die hundert kleinen Aufmerksamkeiten gelernt, die sie glücklich machen, eine Frau zu sein.«

Ein echt starker Spruch, dem ich nichts mehr hinzufügen muß, finden Sie nicht auch?

Doch, eines muß ich hier noch sagen: In dieser Verbindung kann der Wunsch nach einem Kind erfüllt werden. Die Frau ist ja jung genug. Nur, fühlt sich der stolze Vater mit 70 Jahren noch jung genug, sich mit seinem zwanzigjährigen Sprößling auseinanderzusetzen? Daran sollten Sie bitte denken, bevor Sie zur Tat schreiten!

Die allerbeste Freundin — der beste Freund…

Eine allerbeste Freundin zu haben, das ist wie ein Geschenk des Himmels. Und das wissen Sie auch!

Mit der Freundin kann man

- über alles reden,
- sich köstlich amüsieren.
- Bei ihr kann man sich Rat holen, wenn man nicht mehr weiter weiß,
- und man kann sich von ihr trösten lassen, wenn man sich hundeelend und miserabel fühlt.
- Man kann mit ihr ausgehen und rumalbern.
- Und man kann mit ihr Männer anmachen.

Nur, ganz so problemlos, wie es am Anfang aussieht, ist es nicht, wenn man zu zweit auf ›Männerfang‹ geht. Es kann schließlich passieren, daß der Mann, den Sie beide angepeilt haben, Ihre Freundin viel besser findet als Sie! Das ist zwar schlecht für Sie, keine Frage, läßt sich aber leider nicht ändern.

Mit einem Tobsuchtsanfall darauf zu reagieren, das ist

natürlich völlig verkehrt. Denn an dem Mann, den Sie beide gerade erst kennengelernt haben, hat keine ein sogenanntes ›Erstrecht‹. Und wissen Sie, was noch ganz besonders blöd und albern wäre: ihn mit aller Gewalt an sich zu zerren.

Die Sache sieht natürlich anders aus, wenn Sie den Mann schon etwas länger kennen und er dann mit fliegenden Fahnen und wehenden Rockschößen zur besten Freundin überwechselt.

Wenn sie mit dem Mann weggeht, dann haben Sie allerdings einen Grund, nicht nur auf den Mann, sondern auch auf die Freundin sauer zu sein.

Den Mann, der sowas tut, den können Sie vergessen. Mit der Freundin sollten Sie darüber reden. Aber bitte auch erst, wenn sich Ihre erste Wut gelegt hat.

Eine Freundin hat aber noch einen großen Vorzug:

Sie ist der Mensch, der erst einmal alles gut findet, was Sie machen, und der Sie als Person bejaht. Wenn die Freundin Kritik übt, dann kann man die viel besser verkraften als die Kritik eines Mannes oder vielleicht sogar des Partners.

Wie läuft das aber, wenn Sie sich mit einem Mann verbandelt haben und vielleicht sogar mit ihm zusammenleben? Kommt dann die Freundin aufs Abstellgleis?

Probleme tauchen da schon auf, denn Männer haben recht wenig Verständnis, wenn es um die beste Freundin geht: »Entweder die oder ich!« das fordern sie oft stürmisch.

Wie dumm! Männer können einfach nicht verstehen, daß Frauen beides brauchen: den liebevollen Partner und eine beste Freundin!

Um die Freundin nicht zu verlieren und den Mann an Ihrer Seite nicht zu vergraulen, dürfen Sie folgendes auf keinen Fall tun:

● Bei Meinungsverschiedenheiten mit ihm jeden Satz mit »Meine Freundin sagt auch, daß du…« beginnen. Das reizt ihn fürchterlich.

- Jeden Abend, wenn er zu Hause ist, stundenlang mit ihr telefonieren.
- Jede Nacht mit ihr durch die Gegend ziehen, weil's so lustig ist.
- Sie jedes Wochenende einladen, mit Ihnen z. B. aufs Land zu fahren.

Wenn Sie es also geschickt vermeiden, daß die beste Freundin ständig allgegenwärtig ist, dann wird er Ihre Freundschaft auch verstehen. Er wird dann vielleicht ein verächtliches ›Weiberkram‹ knurren. Aber das ist etwas, das Sie überhaupt nicht stören sollte.

Es ist doch so, daß Männer auch ihre Freunde haben, auch sie wollen manchmal ganz unter sich sein. Sie haben auch das Gefühl, daß sie in gewissen Situationen einfach besser mit einem Mann sprechen können.

Sie wollen ab und zu einen zünftigen Skat dreschen und so viel Bier trinken, daß es aus den Ohren wieder herauskommt. Und das ist auch völlig richtig so und ganz in Ordnung! Nur, meine Herren, auch Sie sollten Ihre Partnerschaft nicht mit Ihren Freunden und ›Herrenabenden‹ überstrapazieren!

Die Eifersucht — eine unendliche Geschichte

Die Eifersucht ist ein Thema — das ist so alt wie die Liebe. Stimmt doch? Und die Eifersucht kann einem das Leben zu einer wahren Hölle machen! Unzählige Bücher kann man darüber lesen. Die Wissenschaftler haben sich mit diesem Phänomen auseinandergesetzt.

In Theaterstücken und Opern erleben wir immer wieder, wie Menschen grausam sein können — nur weil sie eifersüchtig sind. In der Literatur ist die Symbolfigur für Eifersucht Shakespeares Othello. Jago — von Feldherr Othello enttäuscht, weil er nicht befördert wurde — treibt den Mohr von Venedig in den Wahnsinn der Eifersucht. Der glaubt an ein Verhältnis seiner Frau Desdemona mit Leutnant Cassio. Und der böse Jago gibt Othello noch eine freundliche Empfehlung mit auf den Weg: »So hütet Euch vor Eifersucht, dem Ungeheuer mit den grünen Augen, das das Fleisch verhöhnt, von dem es sich ernährt…«

Der Ausgang dieser Geschichte ist bekannt: Der Mohr von Venedig bringt seine schöne und unschuldige Desdemona um.

»Seine Eifersucht macht mich wahnsinnig! Wenn ich mit einem anderen Mann spreche, dann durchbohrt er mich mit bitterbösen Blicken. Wenn ich einmal etwas unternehme, ohne ihn, dann ist er tagelang sauer, und wenn ich telefoniere, dann bekommt er Ohren wie ein Osterhase und versucht irgendwie mitzuhören. Ständig unterstellt er mir, daß ich ihn betrüge. Es ist richtig krankhaft, wie er sich benimmt.«

Diese Geschichte erzählte mir Monika, und sie sagte auch noch, daß sie nunmehr die Nase von eifersüchtigen Männern voll habe. Sie behauptet sogar, daß sie eifersüchtige Männer schon von weitem erkennt. Mit einem Wort, sie sieht es ihnen an der Nasenspitze an und läßt dann natürlich die Finger davon.

Es ist schon was Wahres dran, was Monika da erzählt. Männer sind nicht nur genauso eifersüchtig wie wir Frauen, sie sind es noch viel mehr.

Ich weiß, meine Herren, daß Sie mir für diese Behauptung an die Gurgel springen könnten!

Bevor Sie das tun, möchte ich Ihnen aber noch sagen, daß bereits Sigmund Freud vor Jahrzehnten erklärte, daß die Eifersucht des Mannes auf den Mann alle anderen Arten des Wettbewerbs an Intensität und Glut weit übersteigt.

Klar, daß die meisten Männer diesen Gefühlskonflikt einfach nicht zugeben wollen und ihn sogar in Abrede stellen. Denn mit dem Begriff Eifersucht verbindet sich ein ganzer Katalog ›unmännlicher‹ Eigenschaften, wie Schwäche, Angst, mangelndes Selbstbewußtsein. Deshalb auch fressen viele Männer ihre Ängste in sich hinein oder werden unverträglich, aggressiv und verbittert. Eines steht jedenfalls fest — zugegeben oder nicht —, das starke Geschlecht ist genauso von der Eifersucht befallen wie wir Frauen!

Ein Mann ist nicht nur eifersüchtig, wenn seine Partnerin mit einem besonders gutaussehenden Mann flirtet. Er bekommt diese Anwandlungen auch, wenn sie am Abend mit der Freundin quatscht, wenn die Frau ihr Kind besonders liebt (ganz schlimm ist das für einen Mann gleich nach der Geburt des Kindes, da kommt er sich so richtig verlassen vor).

Ein Mann ist eifersüchtig auf ihr Hobby, auf ihren Beruf, auf Tanten, Onkel und Mütter.

Und wissen Sie warum?

Es ist die Angst vor dem Verlust des Liebesobjektes und vor dem Entzug der Liebe. Und es ist schier unmöglich, dieser Angst mit Vernunft zu begegnen.

Frauen dagegen geben zu, eifersüchtig zu sein. Sie reagieren aber völlig anders als die Männer:

Sie zweifeln an sich selbst, werden depressiv, legen Fallen und hoffen, der vermeintliche Partner tappt hinein, und sie wühlen in seinen Taschen nach Beweisen seiner Untreue.

Ein typisches Beispiel dafür ist Daniela, 24 Jahre alt. Sie erzählte bei einem Interview: »Klaus und ich waren gerade drei Monate verheiratet, als sein Kragen voller Lippenstift war. Von meiner Mutter, hat er mir gesagt. Ich habe nächtelang wachgelegen und dann seine Taschen durchwühlt. Zehnmal bin ich mindestens aufgestanden, gefunden habe ich nichts. Eines Nachts entdeckte ich das Foto einer jungen hübschen Frau in seiner Brieftasche. Ich bin richtig zusammengebrochen. Klaus habe ich zur Rede gestellt. Er sagte mir, das ist ein Foto von seiner Nichte. Ich habe mich zwar kurzfristig beruhigt, aber ich beobachte meinen Mann immer noch voller Mißtrauen, und schlafen kann ich auch nicht, wenn er mal nicht zu Hause ist. Ich stelle ihn mir dann immer wieder mit dieser Frau vor.«

Was ist aber nun Eifersucht, die uns alle so quält! Die Psychologen jedenfalls sind sich einig: Eifersucht ist nicht etwa ein Charakterfehler, wie so oft angenommen wird. Sondern die Eifersucht ist ein natürlicher Zustand, solange sie sich in Grenzen hält!

Das ist doch eine recht beruhigende Aussage!

Haben Sie sich schon einmal überlegt, warum manche Menschen so rasend eifersüchtig sein können? Dafür gibt es schon Gründe, die ich Ihnen gerne sagen möchte:

Kinder, die zu wenig Liebe und Geborgenheit hatten, können nicht das so notwendige Urvertrauen entwikkeln. Sie haben ständig Angst, die Mutter oder den Vater zu verlieren. Wenn diese Kinder älter werden, dann macht sich dieses mangelnde Urvertrauen dadurch bemerkbar, daß sie Angst haben, den Liebespartner zu verlieren. Die Eifersucht eines Mannes entzündet sich ganz besonders leicht, weil er ganz tief in seinem Inneren eine Frau immer noch als sein Eigentum betrachtet. Dieser Besitzanspruch ist deshalb so schlimm, weil er einen Mann in Abhängigkeit und Unsicherheit stürzt.

Mangelndes Selbstbewußtsein macht einen Mann ganz besonders anfällig für Eifersucht. Es kann leicht möglich sein, daß er bei seinen ersten sexuellen Gehversuchen auf ein Mädchen getroffen ist, das ihn seine Unerfahrenheit spüren ließ. Klar, daß sich ein Mann im Laufe der Jahre zu einem guten Liebhaber entwickelt, aber seine Unsicherheit wird er deshalb trotzdem nicht los.

Wenn unvernünftige Mütter ihren heranwachsenden Töchtern immer wieder Geschichten erzählen, wie untreu doch die Männer sind, dann werden diese als erwachsene Frauen in bestimmten Situationen immer wieder an die Worte der Mutter denken.

Gegen Eifersucht gibt es leider keine Pille und keine

Tropfen in der Apotheke, mit der Eifersucht muß man selbst fertig werden. Man muß an sich arbeiten.

Und man muß soviel Mut haben, über seine Gefühle offen zu reden. Sagen Sie doch einfach zu Ihrem Partner: »Mensch, du, ich werde mit der blödsinnigen Eifersucht einfach nicht fertig. Hilf mir bitte!«

Aber eines dürfen Sie nicht vergessen – und damit meine ich jetzt ganz besonders Sie, meine Damen –, denken Sie immer daran, daß ein Mann pausenlos seine Selbstbestätigung braucht. Für jeden Mann ist es interessant und reizvoll, sich auch einmal mit einer anderen Frau zu unterhalten. Wenn Sie dafür Verständnis und Toleranz zeigen, wird auch Ihr Partner bereit sein, auf Ihre Bitte, Ihnen zu helfen, einzugehen, so gut er es eben kann. Klar, für uns Frauen ist es genauso spannend und prickelnd, mit einem anderen Mann zu flirten. Vergessen Sie aber dabei nie, ihrem eifersüchtigen Partner deshalb immer wieder zu verstehen zu geben: »Du bist für mich trotzdem der Größte.« Eines ist absolut sicher, und das gilt für Mann und Frau – je gefestigter das Selbstbewußtsein ist, desto leichter bekommen Sie die Eifersucht in den Griff.

Ein paar Tips zum Üben:

● Suchen Sie nicht ständig nach Ihren negativen Eigenschaften. Bemühen Sie sich, Ihre positiven Eigenschaften zu sehen. Wenn Sie eine ständige negative Einstellung zu sich selbst haben, dann überträgt sich dieses Bild eines Tages auf Ihren Partner.

● Denken Sie immer dran, was Sie in Ihrem Leben schon alles geschafft haben. Denken Sie daran, warum Sie viele Freunde haben! Eben weil Sie ein liebenswerter Mensch sind. Und denken Sie daran, daß Sie Qualitäten besitzen, deretwegen sich Ihr Partner zu Ihnen bekannt hat.

● Achten Sie auf Ihr Äußeres, pflegen Sie sich. Nehmen Sie Anteil an Ihrer Umwelt, interessieren Sie sich für Ereignisse und Menschen. Versuchen Sie, immer ein gewinnendes Wesen zu haben! Es ist doch ganz einfach: Wenn Sie selbst das Gefühl haben, daß die Menschen Sie mögen, dann werden Sie auch nicht mehr so von der Angst gequält, den Liebespartner zu verlieren.

Alle tollen Frauen — alle guten Männer — schon vergeben

Manchmal ist es schon recht verzwickt!

Da lernt man eine tolle Frau kennen oder einen echten Traummann — und was stellt sich heraus, bei näherer Betrachtung? Er oder sie ist längst vergeben! Wie ärgerlich!

Und weil das so ist, haben Sie möglicherweise auch keinen rechten Mut mehr, die klassischen Anmach-Plätze — wie Straßencafés, Kneipen und Discos — heimzusuchen.

Bis ans Ende Ihrer Tage wollen Sie natürlich nicht einschichtig durchs Leben eilen, und deshalb müssen Sie sich schon überlegen, dennoch zu einem Partner zu kommen.

Da gibt's zum Beispiel die Eheanbahnungsinstitute oder die Computer-Partner-Vermittlung.

Im Grunde keine dummen Einrichtungen. Nur — ich warne Sie im voraus: Gehen Sie nicht mit zu großen Erwartungen in eines der unzähligen Institute. Der richtige Partner für Sie sitzt dort nicht auf dem Präsentierteller bereit. Hier ist es so wie in der Lotterie: Es sind halt immer die anderen, die einen Haupttreffer ziehen.

Eines kann ich Ihnen aber mit absoluter Sicherheit sagen: Die Vermittlungsgebühren, die Sie im voraus bezahlen müssen, sind in jedem Fall weg. Von dem Geld sehen Sie keine müde Mark mehr! Und Geld dafür zu bezahlen, daß man ›keinen‹ Partner findet, das muß ja nicht sein.

Was können Sie noch tun?

Sie können sich in den Tageszeitungen die Heiratsannoncen durchsehen. Sie werden feststellen, daß es nur so wimmelt von gutaussehenden, gutsituierten, sportlichen, sympathischen, charakterfesten und durchtrainierten Männern.

Und es wuselt auch nur so vor lauter bildhübschen, mütterlichen, häuslichen, intelligenten, süßen und einsamen Frauen.

Da fragt man sich doch, warum all diese Inserenten mit ihren hervorragenden Eigenschaften immer noch auf der Suche nach der besseren Hälfte sind.

Sie können natürlich auch selbst eine Anzeige in die Zeitung setzen. Aber − und jetzt können Sie mich für einen Miesmacher halten oder nicht − auch hier ist die Trefferquote nicht so hoch, wie manchmal behauptet wird. Bei der Partnersuche per Anzeige kann man ganz schön auf die Nase fallen und herbe Enttäuschungen erleben.

Ja − und dann gibt es noch die diversen Clubs, wo sich Singles treffen. Meistens einmal wöchentlich. Dort wird dann über alles mögliche zwanglos diskutiert (hauptsächlich darüber, wie toll es doch ist, Single zu sein!), man unternimmt gemeinsam Wochenendreisen und veranstaltet gemeinsame Disco-Abende.

Hier ist es so, daß man eben alles gemeinsam macht. Fragt sich nur, wie soll es da jemals zu einer Zweisamkeit kommen, wenn man ständig in der Gruppe ist?

Sie sehen also, es gibt reichlich Möglichkeiten, einen Partner zu finden.

Aber besonders einfallsreich ist das alles nicht! Oder was meinen Sie?

Gucken Sie sich doch mal etwas genauer um,

• wenn Sie zum Joggen gehen − Sie müssen doch nicht immer alleine und verbissen Ihre Strecke laufen. Zu zweit macht's doch viel mehr Spaß.

- wenn Sie auf den Trödelmarkt gehen — denn beim Handeln um alte Kaffeetassen oder Rumflaschen lernt man sich doch schnell kennen.
- wenn Sie zum Jazz-Frühschoppen gehen — denn beim ›Puschenjazz‹ und Dixieland verliebt man sich schnell.
- wenn Sie Ausstellungen besuchen — und hier habe ich einen heißen Tip für Sie, meine Damen: Wenn Sie unbedingt einen Arzt kennenlernen wollen, dann erkundigen Sie sich bei den Ärztekammern nach Sonderausstellungen malender Ärzte (die gibt's tatsächlich). Bei einer solchen Veranstaltung kann sich doch was anspinnen. Oder nicht?

Einen sehr guten Rat — wie ich meine — gibt allen Suchenden der Astrologe David Perkins: »Wer seine große Liebe finden will, soll möglichst genau wissen, was für ein Temperament, welche Eigenschaften und welche Hobbys der Traummann oder die Traumfrau haben soll. Unbewußt sendet man selbst die Signale aus, auf die der Traumpartner dann anspricht.«

Und noch etwas ist in diesem Zusammenhang äußerst interessant:

Die Liebe auf den ersten Blick scheint es wirklich zu geben! 76 Prozent der Erwachsenen in der Bundesrepublik glauben jedenfalls daran.

Nur jeder vierte ist skeptisch, was die ›schnelle Liebe‹ angeht.

Herausgefunden haben das die Wickert-Institute. Nach der Repräsentativ-Umfrage trauen etwas mehr Männer der Liebe auf den ersten Blick, nämlich 79 Prozent.

Geringfügig zurückhaltender äußerten sich die Frauen: Da glaubten 73 Prozent, daß man jemandem in die Augen schauen kann und sogleich verliebt ist.

Da kann ich nur sagen — machen Sie Ihre Augen auf, man kann ja nie wissen!

Urlaub, richtig planen

Der Urlaub ist die schönste Zeit des Jahres — das stimmt, oder? Und deshalb sollten Sie sich ganz genau überlegen, was Sie in dieser schönen Zeit alles anstellen wollen.

Zuerst einmal müssen Sie klären:

● Fahren Sie alleine in Urlaub, weil Sie glauben, genau in dieser Zeit den richtigen Partner zu finden?
● Fahren Sie alleine in Urlaub, weil Sie sich mal so richtig austoben und möglichst jede Nacht in einem anderen Bett verbringen möchten? Hier kann ich Ihnen gleich sagen: Machen Sie sich keine allzu großen Hoffnungen. Die tollen Mädchen und die irren Typen stehen nicht in Kompaniestärke herum und warten nur auf Sie. Da müssen Sie schon selbst etwas dazu tun. Was, das verrate ich Ihnen in den nächsten Kapiteln.
● Oder fahren Sie mit Ihrem Partner in Urlaub, weil es zu zweit eben mehr Spaß macht?

Wie Sie fahren und mit wem, das kann ich natürlich nicht wissen. Außerdem müssen Sie das alleine entscheiden.

Eines weiß ich allerdings genau: Sie werden Träume mit in Ihren Urlaubskoffer packen. Träume, die im Laufe eines Arbeitsjahres oft gigantische Ausmaße angenommen haben.

Ich denke, daß meine kleine ›Traumauswahl‹ für Sie richtig ist:

● Endlich vom Alltag befreit — da muß doch alles harmonisch verlaufen.
● Probleme in Familie und Ehe lösen sich am immerblauen Urlaubshimmel ganz einfach in nichts auf.
● Die im Alltagstrott arg eingerostete Liebe zum Partner blüht wieder auf.

- Das Leben wieder in vollen Zügen genießen, jung, begehrenswert, attraktiv und lebendig sein.

Es stimmt schon, der Nachholbedarf an Wärme, Erleben, Zärtlichkeit, Sex und Erotik ist ungeheuer.

Und damit Ihr Urlaub auch wirklich so schön wird, wie Sie ihn sich das ganze Jahr über erträumt haben, gebe ich Ihnen ein paar goldene Urlaubsregeln:

- Mit dem Urlaub verbinden sich immer hohe Erwartungen. Planen Sie diese kostbare Zeit besonders sorgfältig.
- Fahren Sie an einen Ort, den auch Ihr Partner mag. Am Strand lassen sich sehr selten Konflikte lösen, wenn der andere lieber bergsteigen würde.
- Sorgen Sie unbedingt für Schlechtwettertage vor — Langeweile ist sehr gefährlich. Akute Streitgefahr!!
- Wenn Sie mit dem Wagen unterwegs sind, dann treten Sie mal kürzer! Rasereien regen Sie und die anderen unnötig auf. Besonders Frauen leiden darunter.
- Wer Eheprobleme lösen will, darf keine Busreise machen. Ununterbrochen zwischen anderen Menschen eingepfercht zu sein macht nur noch gereizter.
- Nicht zu lange in der Sonne liegen bleiben. Zuviel Hitze macht aggressiv.
- Bleiben Sie nicht dauernd alleine. Kontakte zu netten Menschen machen die Zweisamkeit schöner.
- Machen Sie den Partner nicht eifersüchtig. Das bringt bloß neue Probleme.
- Vergessen Sie nie: Ihr Partner ist im Urlaub die Nummer eins! Verwöhnen Sie ihn, hören Sie ihm zu, erfüllen Sie ihm kleine Wünsche. Frühstücken Sie wieder mal im Bett — Sie werden sehen, wieviel Spaß Sie plötzlich wieder haben.
- Suchen Sie in den Urlaubswochen möglichst gemeinsame Erlebnisse, an die Sie sich gerne erinnern, wenn Sie wieder zu Hause sind. Gut für lange Winterabende!
- Denken Sie daran: Warmes Wetter, Meeresrauschen und der Geruch von Blumen und Gras wirken wie ein Aphrodisiakum.

● Lachen Sie bitte nicht — aber auch im Urlaub dürfen Sie nicht um jeden Preis einen Streit vermeiden. Das ist wie ein Gewitter, das reinigt und klärt.

● Vergessen Sie Ihre Reiseapotheke nicht. Ist der Magen erst einmal verdorben, dann ist ein Krach auch nicht mehr weit.

● Das Allerwichtigste aber ist: Überlassen Sie nichts dem Zufall! Nehmen Sie das Schicksal selbst in die Hand! Denn auch im Urlaub kommt die Harmonie nicht von alleine — nur die Gelegenheiten sind eben günstiger.

Die Sterne wissen es — wer mit wem Spaß hat...

Ob die Sterne nun lügen oder nicht — in jedem Fall sind sie ein himmlisches Gesprächsthema. Eine amüsante Art, sich kennenzulernen und näherzukommen.

Die Frage nach dem Tierkreiszeichen ist ein idealer Anknüpfungspunkt für zwischenmenschliche Beziehungen, eine gute Gelegenheit, über den anderen etwas Persönliches zu erfahren und über sich selbst etwas Tiefschürfendes zu sagen.

Jeder hat da seine Erfahrungen und Überzeugungen, stichhaltige Beweise.

Die einen, daß die Wahrheit in den Sternen steht, daß Liebe und Leid vorprogrammiert sind.

Die anderen ebenso stichhaltige Gegenbeweise, daß die Sterne auch nicht wissen, wo's langgeht auf der Erde, daß Gefühle nicht vom Firmament aus gesteuert werden können.

Horoskop- und Astrologie-Erfahrene wissen natürlich, wieviel Wahrheit in den Sternen liegt, daß dort festgelegt ist, wer zu wem paßt. Daß einer Löwe-Frau beispielsweise nur Schütze oder Widder das Wasser reichen können, daß Jungfrau-Mann und Stier-Frau die ideale Ergänzung sind, daß Krebs-Mann und Fische-Frau keine Angst vor dem Zusammenleben haben müssen. Es gibt aber auch Ignoranten, die ewig Gestrigen, die bei der Frage ›Was bist du, und was ist dein Aszendent?‹ ans ›Heitere Beruferaten‹ denken und treuherzig ›Bauzeichner, aber ohne Assistent‹ antworten.

Aber es gibt auch weniger Harmlose: Mitmenschen, die die ganze Sternenkunde nicht ernst nehmen, die aber andererseits wissen, daß sie mit dieser Haltung hoffnungslos im Abseits landen, und deshalb so tun, als ob! Die Rede ist von den Astro-Schwindlern! Sie meinen, das gibt es nicht? Ich kenne da schon einen Fall:

Nennen wir ihn einfach Michael. Da verguckte sich dieser besagte Michael, Sternzeichen Löwe, auf einer Party in eine Skorpion-Frau (Aszendent Stier). Eine Himmelskonstellation, die selbst Horoskop-Amateuren nichts Gutes verheißt. Er allerdings ahnt nichts davon, geht siegesgewiß auf die angehimmelte Dame zu, wird kurz vor dem Ziel von einer Freundin am Ärmel zurückgehalten: »Als Löwe kannst du die glatt vergessen«, sagt sie, »da läuft es nur übers Horoskop. Die geht kein Risiko ein, verplempert ihre Zeit nicht mit Leuten, die nicht zu ihr passen.«

Gewitzt wie Löwe-Männer nun mal sind, zum Herrschen geboren, zum Kämpfen bereit, plant er seinen Eroberungszug, sucht Kontakt zu einem Astrologen, erzählt ihm irgendeine rührselige Geschichte von seiner Schwester (Sie wissen schon, die Skorpion-Frau mit dem Aszendenten Stier!), für die er nur das Beste möchte, will wissen, was die Sterne für sie bereithalten. Und was, beziehungsweise wer nun der Beste wäre, das will er gerne wissen.

Er nennt die Daten seiner Traumfrau, die er ausgekundschaftet hat, und gibt den Auftrag, rein theoretisch den dafür passenden Partner herauszufinden.

Die Antwort: Krebs mit dem Aszendenten Steinbock!

Ausgestattet mit dem neuen Ideal-Tierkreiszeichen,

mit der richtigen Geburtsstunde am rechten Ort, sucht er dann eine Woche später Kontakt zur Skorpion-Frau, umwirbt sie, flirtet mit ihr, bittet um ein Widersehen.

Sie fragt, wie erwartet, erst mal nach seinem Geburtstag. Er erzählt ihr nun etwas von seiner Krebs-Steinbock-Konstellation – und schon ist sie fasziniert: von den traumhaften Harmoniestrecken, den fabelhaften Übereinstimmungen, den fruchtbaren Spannungsfeldern.

Kurz: Die Skorpionfrau ließ all ihre angeborene Skepsis fallen. Endlich hatte sie den Mann getroffen, mit dem sie gefahrlos durchs Leben gehen, dem sie sich restlos anvertrauen und öffnen konnte.

Mit ihrer positiven Einstellung zur Partnerschaft und seiner Überzeugung, die Sterne überlistet, ausgeschaltet zu haben, leben die beiden bis jetzt in glücklicher Harmonie. Für ihn der Beweis, daß die Sterne lügen!!

Und diese Erkenntnis ist es ihm auch wert, seinen Geburtstag eine Woche früher zu feiern: Statt am 27. 7. (Löwe) am 20. 7. (Krebs).

Aber was ist, wenn der Schwindel eines Tages auffliegt? Wenn die Skorpion-Frau einmal in seinen Paß schaut? Was dann alles passiert, das wissen nur die Sterne, denn da steht's...

Die Sterne sind natürlich auch nicht ganz unwichtig, wenn Sie eine Reise planen. Aber auch wenn Sie schon mitten in den Ferienvorbereitungen sind, das Hotel bereits bestellt ist und der Urlaubspartner feststeht, lesen Sie doch einfach mal nach, was für Sie speziell am besten wäre. Sagen Sie bitteschön nicht, so ein Blödsinn, das gibt's doch gar nicht. Gibt es doch – Erasmus de Notredame (hinter diesem Namen verbirgt sich ein angesehener Astrologe aus München) hat sich damit beschäftigt und die Sterne befragt:

Was für ein Urlaubstyp sind Sie:

● Für den Widder ist es nichts, einfach nur dahinzubummeln und in den Tag hineinzufaulenzen. Ihm muß schon vielerlei geboten werden, worunter er nach Lust und Laune auswählen kann, auch unter den Urlaubsflirts! Und außerdem darf der Urlaub auch nur von kurzer Dauer sein, weil der Widder sich für unentbehrlich hält!

● Der Stier erwartet im Urlaub Komfort für Leib und Seele. Alles muß seinen geregelten Gang gehen. Das Neue und Unbekannte hat keinen Reiz für ihn. Wichtig für ihn ist, daß er seine Alltagsgewohnheiten am Urlaubsort problemlos weiterführen kann.

● Dem ruhelosen Zwilling kann überhaupt nichts die Lust am Reisen verderben, außer die Vermutung, er könne sich etwa langweilen. Neues will er entdecken, Unvorhergesehenes meistern, soviel erleben wie nur möglich. Dabei kann passieren, daß der Partner atemlos auf der Strecke bleibt.

● Der Krebs braucht seine abgeschirmte, seine heile Welt – auch im Urlaub. Mit ganzem Herzen hängt er an Vertrautem und würde am liebsten, außer der gesamten Familie, auch noch sein Bett und sein Lieblingssofa mitbringen.

● Für den Löwen sind Luxus und Komfort selbstverständlich. Er braucht Nobelherbergen und keine Jugendherbergen! Daß sich dieses Bestreben nach Exklusivität nicht immer mit der Urlaubskasse in Einklang bringen läßt, bereitet ihm den allergrößten Weltschmerz.

● Eine Jungfrau reist zwar gerne, weil Neues sie immer wieder reizt. Doch ist ein Jungfrau-Urlaub eine bis ins kleinste geplante Unternehmung, die Spontanität kaum erlaubt und zuläßt.

● Die Waage ist reiselustig, und das beruht auf ihrer Vorliebe für Abwechslung. Es gibt eigentlich überhaupt nichts, was den Waage-Menschen nicht interessiert. Urlaub, das heißt ständig neue Flirts, neue Eindrücke und niemals Langeweile!

● Die Skorpione sind der Schrecken aller Reiseveranstalter, weil sie sich niemals anpassen, sondern sich immer von neuem beweisen müssen. Urlaubsprogramme sind für diese Menschen ein Greuel. Der Reiz des Urlaubs besteht für sie in den unkalkulierbaren Überraschungen.

● Der Schütze ist eigentlich immer auf Reisen, denn er liebt den häufigen Wohnungswechsel. Zieht es ihn in die Welt hinaus, dann ist er der geborene Globetrotter, der auf Planung und Komfort verzichten kann, wenn nur ein Hauch von Abenteuer dabei ist.

● In den Augen des Steinbocks ist Urlaub eine vergeudete Zeit, die anders sinnvoller genutzt werden könnte. Seine gewohnte Umgebung verlassen zu müssen, das ist ihm verhaßt. So kehrt er immer wieder an einen vertrauten Ort zurück, bis man ihn eines Tages zu den Einheimischen zählt.

● Der Wassermann steckt voller Fernweh und Neugier, möchte am liebsten die ganze Welt kennenlernen und mit möglichst vielen Menschen in Kontakt treten.

● Auch die Fische brauchen die Veränderung, passen sich rasch fremden Sitten an und fühlen sich schnell überall zu Hause. Auch bei exotischen Partnern. Dabei ist bei ihnen jede Urlaubsplanung kleingeschrieben: So wie's kommt, so wird's akzeptiert.

Sind Sie der ideale Urlaubspartner?

● Für den tatendurstigen Widder sind die idealen Urlaubspartner der selbstbewußte Löwe, der fantasievolle und einfallsreiche Schütze und der originelle Wassermann, der immer für eine Überraschung gut ist. Auch der gesellige Zwilling wäre keine schlechte Wahl.

● Der Stier hingegen wäre am besten beraten, wenn er seinen Urlaub mit einem lebenstüchtigen Steinbock, einer zuverlässigen Jungfrau, einem gefühlvollen Krebs oder treuen Fisch verbringt.

● Ganz ideal für den rastlosen Zwilling sind die gesellige Waage, der ideenreiche Wassermann, aber auch der entschlußfreudige Widder, der dem zaudernden Zwilling so manche Entscheidung gerne abnehmen dürfte.

● Der Krebs wird sich in seinem Urlaub besonders mit einem Fisch wohlfühlen. Er erfüllt ihm jeden Wunsch. Er fühlt sich aber auch mit dem stark erotisch betonten Skorpion, der zuverlässigen Jungfrau und dem verläßlichen Stier wohl.

● Ideale Begleiter für den stets liebeshungrigen Löwen sind der unternehmungslustige Zwilling, die fröhliche Waage, der leidenschaftliche Widder und der begeisterungsfähige Schütze.

● Die nicht ganz einfache Jungfrau ist am besten beraten mit dem umsichtigen und genau wie sie bildungsbeflissenen Steinbock, dem verläßlichen Skorpion, der alle Fehler meistert, und dem nicht zuletzt auch in sexuellen Dingen verständnisvollen Krebs.

● Beste Voraussetzungen für einen gelungenen Urlaub findet die kontaktfreudige Waage beim weltgewandten Zwilling. Doch auch der nie langweilige Wassermann und der nimmermüde Löwe bieten gute Urlaubsbekanntschaft, ebenso wie der verständnisvolle und großzügige Widder.

● Zum individualistischen Skorpion paßt am besten der sensible Krebs, der durch dick und dünn geht. Die zuverlässige Jungfrau, der selbstlos treue Fisch und der gründliche, auch in der Liebe ausdauernde Steinbock bieten ebenfalls gute Chancen für ungetrübte Urlaubsfreuden.

● Zum Schützen paßt der betriebsame Widder, aber auch der elitäre Löwe, der optimistisch-genießerische Wassermann und sogar die liebenswert-eitle Waage, mit der er stets in bester Gesellschaft ist.

● Der häuslich-nüchterne Steinbock findet eine hervorragende Ergänzung im vernünftigen Stier oder in der vorsichtigen Jungfrau, aber auch im anpassungsfähigen Fisch oder hartnäckigen Skorpion.

● Auf den romantischen Wassermann fliegt der unterhaltsam-humorvolle Zwilling, mit dem der Urlaubshimmel voller Geigen hängt. Einen Traumurlaub garantiert ihm auch die großzügige Waage. Der begeisterungsfähige Widder macht bei der verrücktesten Urlaubsidee mit und der optimistische Schütze ist für den Wassermann ebenfalls ›maßgeschneidert‹.

● Die ideale Urlaubsergänzung für den Fisch sind der seelenverwandte Krebs und der zielstrebige Skorpion. Der ruhige Stier und der tüchtige Steinbock können das ausbügeln, was der Fisch an Planung versäumt hat, und sind somit auch überaus brauchbare Urlaubspartner.

Wo Sie am meisten Spaß haben, wissen die Sterne auch:

● Der eilige Widder will sein Ferienziel so schnell wie möglich erreichen − am besten mit dem Jet. Am Urlaubsort will er etwas erleben, je mehr desto besser. Sonne, Meer und Strand, also Fischerdorf und verträumte Fleckchen sind nichts für ihn. Er braucht Betriebsamkeit.

● Der Stier erholt sich am besten in vertrauter Umgebung, bei heimatlicher Küche. Verläßt er sein Land tatsächlich, dann am besten in einer Reisegruppe, die ihn vor unliebsamen Überraschungen sichert.

● Zwillinge sind wie die Widder erlebnishungrig, ein Dauerlauf am Strand ist ihnen zu langweilig. Sie wollen durchs Land reisen oder eine Kreuzfahrt unternehmen.

● Der Krebs bevorzugt die Nähe des Wassers, reist jedoch gerne oder besser gesagt am liebsten mit seinem eigenen Hausstand. Ihm ist ein Urlaub im Wohnmobil zu empfehlen, egal ob in Europa oder fernen Ländern.

● Abenteuerlust prägt die Reiselust des Löwen, doch ist er auch in exotischen Ländern auf erstklassige Hotels angewiesen.

● Jungfrauen lieben Bildungsreisen (Museen, Kirchen, Konzerte usw.), die sie bis ins kleinste Detail vorbereiten.

● Die Waage entschließt sich erst in letzter Sekunde für ein Urlaubsziel, und sie interessiert sich dort für alles. Eine Stadt- oder Kulturlandschaft gibt ihr jedoch mehr als bloße Natur.

● Skorpione meiden die Trampelpfade des Massentourismus und suchen die Einsamkeit der Gebirge, Seen und Wälder.

● Schütze-Menschen interessieren sich für die ganze Welt. Urlaubsziel und Transportmittel sind ihnen egal – Hauptsache es gibt Überraschungen und Abenteuer.

● Der Steinbock träumt von fernen Ländern – und bleibt dann doch zu Hause. Wenn er Urlaub macht, dann nicht weit weg vom heimischen Herd.

● Der Wassermann scheut die Menge, er entdeckt ferne Länder auf eigene Faust und ist dabei schnell entschlossen und flexibel. Genau wie der Fisch – er findet sich überall zurecht. Deshalb ist ihm das Urlaubsziel ziemlich egal.

Wenn Sie nun feststellen, daß Ihr Urlaubspartner laut Sternzeichen nicht zu Ihnen paßt oder daß alles überhaupt nicht auf Sie zutrifft, dann handeln Sie bitte nicht überstürzt! Vor allem, schicken Sie Ihren Urlaubspartner nicht in die Wüste. Sie wissen doch, daß sich manchmal sogar die Sterne irren können. Ich bin sicher, Sie werden trotzdem einen wunderschönen Urlaub verbringen.

Wohin denn nun?

Sie wissen jetzt, wer mit wem und wer mit wem nicht verreisen soll, und Sie haben Ihre Wahl getroffen. Damit geht die Erholung aber noch lange nicht los, denn nun haben Sie die Qual der Wahl – nämlich das richtige Hotel am richtigen Urlaubsort auszuwählen.

Ich meine, wenn Sie mit Ihrem Partner in Urlaub fahren, dürfte es da keine Probleme geben. Sie sind ja zu zweit – und dafür bieten die Reiseveranstalter viele Möglichkeiten an. Erkundigen Sie sich doch mal nach den verschiedenen Romantik-Hotels. Sie werden staunen!

Wenn Sie als Mann allein verreisen, dann sollten Sie auf jeden Fall die klassischen Familienhotels meiden!

Hier finden Sie bestimmt nicht Ihren heißen Urlaubsflirt. Und wenn, dann ist im Hintergrund immer ein Ehemann, ein Kind oder ein Dauerverlobter Ihrer augen-
blicklich auserwählten Dame. Ich kann Ihnen nur raten,
buchen Sie einen Club-Urlaub. Welchen Sie sich aussuchen, müssen Sie selbst herausfinden. Das ist erstens eine Geschmackssache und zweitens eine Sache Ihres
Geldbeutels. Denn ein Urlaub im exclusiven Club ist
nicht immer billig.

Hier gibt es Frauen, die ebenfalls alleine reisen, und
mit Hilfe der gewitzten Animateure wird Ihnen dann
schon auf die Sprünge geholfen. Außerdem — und das
finde ich sehr gut — kommt man sich bei all den vielen
sportlichen Aktivitäten schon näher. Wie nahe Sie wollen und dürfen, müssen Sie selbst herausfinden! Noch
etwas will ich Ihnen sagen: Erwarten Sie nicht das Wunder, daß in allen Clubs nur die allerschönsten Mädchen
sind. Die gibt's hauptsächlich in den Prospekten! Naja,
Sie wissen schon, was ich meine.

Wenn Sie als Frau alleine verreisen — in diesem Jahr
sollen sich wieder über 2 Millionen Frauen auf den Weg
machen —, dann ist es leider oft noch so, daß Sie als sex-
hungrige Abenteuerin oder frustriertes Mauerblümchen
angesehen werden.

Aber die Mehrzahl der Frauen ohne männlichen Ge-
leitschutz ist weder das eine noch das andere.

Frauen wollen einfach klischeefrei akzeptiert werden
— so, wie das ganz selbstverständlich für die Männer gilt.

Ich meine, es ist doch sonnenklar, wenn eine Frau auf
das schnelle Abenteuer aus ist, dann braucht sie keinen
Rat und keine Hilfe, sie weiß Bescheid, wo sie hin muß:
nach Ibiza, Sylt, Gran Canaria! Aber keine Bange, wenn
Sie, meine Damen, keinen Wert auf die schnelle Anmache legen und trotzdem nicht in Tristesse versinken wollen, auch für Sie gibt es wunderschöne Reiseziele. Wo
Frauen gerne gesehen werden, wo sie verwöhnt werden
und auch etwas unternehmen können.

Da gibt es zum Beispiel die Kykladeninsel Paros, die kanarische Vulkaninsel Lanzarote und die griechische Insel Chios. Sie können nach Cesme in der Türkei, nach Poggerina in der Toskana, nach Carvoeira an die Algarve oder nach Valbonne (zwischen Nizza und Cannes) reisen. Am besten ist natürlich auch für Sie — fragen Sie im Reisebüro nach.

Um noch etwas wollte ich Sie bitten: Machen Sie mich nicht dafür verantwortlich, wenn doch ein recht hartnäckiger Mann Sie verfolgt und sogar unbedingt mit in Ihr Hotelbett will...

Keine Probleme im Hotel...

Apropos Hotel: Lange Zeit war es doch so, daß Paare, die nicht miteinander verheiratet waren, Schwierigkeiten hatten, ein gemeinsames Hotelzimmer zu buchen. Klar, das war nicht überall so — aber es war doch zum Beispiel sehr ausgeprägt im Süden. Um doch zu seinem gemeinsamen Zimmer zu kommen, verfiel man auf die blödesten Ideen. Aber den Argusaugen der erfahrenen Rezeptionisten oder den Reiseveranstaltern blieb halt einfach nichts verborgen.

Lassen Sie sich bitte, wenn Sie Schwierigkeiten haben, nicht ins Bockshorn jagen, das Landgericht in Frankfurt hat diesbezüglich folgendes Urteil erlassen: »Es ist die Pflicht eines Reiseveranstalters, ein für einen Urlaub gebuchtes Doppelzimmer einem Paar auch dann zur Verfügung zu stellen, wenn dieses nicht verheiratet ist.« (Aktenzeichen LG Frankfurt 2/24 S 297/81.)

Wär' ja noch schöner!!

Wenn Sie als Single verreisen und — ich sag's mal so — häufig Ihre Bettpartner wechseln, dann können Sie unter Umständen im Hotel Probleme bekommen.

Stellen Sie sich mal vor, Sie flüstern gerade Ihrer Dame

die heißesten Liebesschwüre ins Öhrchen, um sie endlich ins Bett zu kriegen. Da poltert es an der Tür und irgend ein prüder Mensch aus dem Hotel fordert Sie recht
barsch auf:

»Das geht nicht in unserem Haus – die Dame muß das
Zimmer sofort verlassen. Sie haben ein Einzelzimmer ge-
bucht.«

Oder Sie huschen mit einem Mann am Portier vorbei
und der ruft lautstark durch den Raum: »Fräulein, der
Mann kann aber nicht mit!«

Ich weiß, das ist etwas an den Haaren herbeigezogen.
Ich wollte Ihnen ja nur aufzeigen, wie peinlich solche Geschichten sein können. Zum Glück wird man nicht mehr
so oft in solche Situationen gebracht. Das ist schon alles
sehr locker geworden. Trotzdem – Fingerspitzengefühl
ist angesagt.

Sie werden es schon herausfinden, wie Sie – trotz aller
›Verbote‹ – auf Ihr nächtliches Vergnügen nicht verzichten müssen!

Anschluß im Hotel...

Wenn Sie sich erst einmal in Ihrem Hotel häuslich niedergelassen haben, dann steht ja eigentlich einem fröhlichen Urlaubsflirt nichts mehr im Wege!

Oder haben Sie etwa Angst, in einer fremden Umgebung oder gar im Ausland Kontakt zu knüpfen? Das ist
doch kein Problem, wenn Sie sich in etwa an das halten,
was der italienische Hotelier Dr. Roberto Mion aus Silvi
Marina (Abruzzenküste) zum Thema Kontakteknüpfen
im Hotel sagt:

● Sprechen Sie bei der Ankunft offen mit dem Hotelier
darüber, was Sie erwarten. Er kann Kontakte vermitteln.
● Nehmen Sie in der Bar nicht an der Theke Platz, sondern suchen Sie sich einen Tisch, der zentral liegt.

- Packen Sie Garderobe ein, die Stil beweist. Machen Sie den Urlaub aber nicht zur Modenschau.
- Bitten Sie darum, im Speisesaal nicht ins Abseits gesetzt zu werden, sondern an einen ›rückenfreien‹ Tisch. So haben Sie die beste Möglichkeit, sich umzuschauen und selbst gesehen zu werden.
- Beobachten Sie am ersten Tag am Strand die Gäste und versuchen Sie herauszufinden, wer zu Ihnen passen könnte. Lassen Sie sich erst dann einen Sonnenschirm in der Nähe des/der Auserwählten zuweisen.
- Wenn es gefunkt hat zwischen Ihnen und Ihrer Urlaubsbekanntschaft, dann treffen Sie sich mit Ihrer Eroberung die erste Zeit außerhalb des Hotels. Dann brauchen Sie nicht den Spott der anderen Gäste zu befürchten, wenn die Bekanntschaft wieder in die Brüche geht.
- Auch wenn Sie wirklich mal schlechte Laune haben, zeigen Sie es nicht, sonst gelten Sie gleich als Sauertopf und Spielverderber.

Kennenlernen — auf Reisen ganz leicht...

Im Urlaub und auf Reisen jemanden kennenzulernen ist hundertmal einfacher als sonst. Das müssen Sie doch zugeben. Sie haben gute Laune, sind ausgeruht, freuen sich auf unbeschwerte Tage und Stunden und haben einen ganz anderen Blick für die Menschen, die um Sie herum sind.

Kennenlernen auf Reisen ist deshalb so einfach, weil man ja zwangsläufig eine längere Zeit miteinander verbringt — sei es in der Bahn, auf dem Schiff, im Flugzeug.

Wenn Sie allerdings im Auto unterwegs sind, dann ist es schon etwas komplizierter. Da müssen Sie sich unter Umständen dem rasanten Fahrstil Ihres angepeilten ›Opfers‹ anpassen, um es nicht völlig aus den Augen zu verlieren.

In der Bahn:
- Seien Sie Kavalier und wuchten Sie ihren zentner-schweren Koffer ins Gepäcknetz! (Fragen Sie aber nicht, ob Sie ihren ganzen Hausstand eingepackt hat, das wäre in so einem Fall völlig unpassend.)
- Laden Sie sie in den Speisewagen zum Essen oder zum Kaffeetrinken ein. Wenn sie keine Lust dazu hat, dann bringen Sie ihr einfach etwas Trinkbares mit. Sie wird Ihnen das sicherlich nicht an den Kopf werfen.
- Wenn Sie Raucher sind, dann nebeln Sie Ihr Gegenüber nicht so mit Qualm ein, daß Sie es nicht mehr sehen können.
- Fragen Sie, wo die Reise hingeht.
- Versuchen Sie in einem Gespräch Gemeinsamkeiten zu finden (Musik, Theater, Kino).

Im Flugzeug:
- Auf keinen Fall hineinstürmen, hinsetzen und versuchen zu schlafen! Nicht jeder Mensch sieht schön aus, wenn er schläft (Gesichtszüge entgleisen sehr unvorteilhaft!).
- Bieten Sie ihr den Fensterplatz an – wenn sie später kommt und Sie sich bereits etabliert haben.
- Tauschen Sie Zeitungen und Illustrierte aus, dabei kommt man sehr gut ins Gespräch.
- Bieten Sie ihm/ihr ein Bonbon an – gut gegen Ohrensausen.
- Auf Langstrecken-Flügen können Sie ja gemeinsam einen Film ansehen, Schach oder Backgammon u. ä. spielen.
- Bevor Sie landen, können Sie natürlich Telefonnummern und Adressen austauschen oder
- Sie nehmen das Buch, in dem Sie gerade gelesen haben, schreiben vorne (gut sichtbar!) Ihre Telefonnummer und Namen hinein und sagen: »Wahnsinnig interessantes Buch, ich bin durch damit, Sie sollten das unbedingt lesen.«

Auf dem Schiff:

● Es ist eigentlich völlig egal, auf welchem Schiff Sie sich befinden, auf einem Kreuzfahrer- oder einem Fährschiff auf eine Insel, Gelegenheiten zum Kennenlernen gibt es hier immer — man kann ja nicht runter:

● Fragen Sie ihn, wie das bei einem Schiff ist — wie vorne und hinten heißt. Klar wissen Sie das selbst mit Backbord und Steuerbord, aber er fühlt sich gebauchpinselt!

● Fragen Sie ihn doch, ob er schwimmen kann, falls das Schiff untergeht — er wird Sie natürlich retten wollen!

● Laden Sie sie zum Drink an die Bar ein! Machen Sie ihr zuliebe Bordspiele mit. Wenn's gefunkt hat, können Sie es ja wieder lassen!

Flirten am Strand

Ein schier unerschöpflicher Jagdgrund zum Kennenlernen und Flirten ist natürlich der Strand.

Ein großer Vorteil: Hier können Sie auch gleich sehen, ob der Mann oder die Frau Ihnen auch wirklich gefällt. Denn keiner wird im Wintermantel im Liegestuhl vor sich hin braten. Also, Sie können Ihr auserwähltes Opfer in aller Ruhe betrachten und dann ganz behutsam zum Angriff übergehen. Sie können

● Ihren Liegestuhl ganz in ihre Nähe rücken. Wenn sie sich mit einem strahlenden Lächeln bedankt, haben Sie die erste Hürde schon genommen. Sagen Sie aber um Himmels willen nicht: »Ich wollte Sie näher kennenlernen, weil Sie aussehen wie meine Nachbarin.« Sagen Sie ihr lieber: »Sie haben sich das schönste Plätzchen ausgesucht, und da ist doch Platz für zwei.«

● sie aufwecken, wenn sie bereits seit einer Stunde oder mehr in der Sonne liegt und schläft. Sagen Sie ihr: »Ich möchte nicht, daß Sie verbruzzeln, bevor ich Sie kennengelernt habe.«

- ihm vorschlagen, seinen Rücken einzucremen, weil Sie ›feuerrote Spielmobile nicht leiden können‹.
- ihn fragen, ob er mit Ihnen um die Wette schwimmt, denn bekanntlich geht das ja alleine nicht.
- eine schöne Muschel suchen und sie ihr schenken.
- ihr den Wasserball zuwerfen. Wirft sie ihn zurück, dann könnten Sie ihr ja den Vorschlag machen, gemeinsam etwas anderes zu unternehmen.

Das sind nur ein paar Tips, was Sie tun können, um einen fröhlichen Urlaubsflirt am Strand in Gang zu bringen. Wenn Sie dann zu zweit in einer Bar, in einem Restaurant, bei einem Segeltörn oder einem Spaziergang unterwegs sind, ergibt sich der Rest von ganz alleine.

Ganz lustig sind die Tricks, die mir Single-Urlauberinnen verraten haben, wie sie es anstellen, einen ›Urlaubs-Mann‹ anzumachen:

- Susanne glaubt ganz fest an das ›Aussenden von Gefühlen‹: »Wenn ich ganz doll an ihn denke, wird er es spüren und schaut zu mir. Ich mache dann besonders langsame Bewegungen, nippe nur an meinem Glas, streiche mit der Zunge meine Lippen trocken. Dann weiß er schon, was ich will.«
- Charlotte glaubt an das Spiel mit dem Feuer: »Ich suche verzweifelt nach Streichhölzern, schaue mich um und sehe ihn zufällig. Ich bitte ihn um Feuer. Genüßlich ziehe ich den Rauch ein und sage dann: »Selten hat mir eine Zigarette so gut geschmeckt. Das liegt sicher an Ihrem Feuer. Darauf, finde ich, sollten wir etwas trinken.«
- Helga beherrscht den Trick mit der Speisekarte — der aber nur im Ausland funktioniert: Ich gehe dann an seinen Tisch und bitte ihn schüchtern: »Können Sie mir helfen, der Kellner versteht mich leider nicht.«
- Am Frühstücksbüfett hat Jutta eine gute Masche: »Ich sorge dafür, daß ich vor oder hinter meinem tollen Typen stehe. Wenn er sich ordentlich Marmelade und Honig auf den Teller lädt, sage ich: ›Männer, die gerne etwas

Süßes essen, haben einen guten Charakter. Stimmt es bei Ihnen auch?‹«

● Astrid hat einen bombensicheren Dreh heraus, wie sie am Strand jemanden kennenlernt: »Möglichst unauffällig lege ich mich neben ihn. Wenn ich schwimmen gehe, frage ich, ob er auf meine Sachen aufpaßt. Wenn ich zurückkomme, fange ich an, mir umständlich den Rücken einzucremen, so lange, bis er endlich fragt, ob er mir dabei helfen dürfe. Darf er natürlich.«

Ist der Urlaubsflirt auch sexy?

Weil man ja bekanntlich im Urlaub wahnsinnig viel Zeit hat, könnten Sie doch mal folgendes tun: Schauen Sie sich Ihren Urlaubsflirt ganz genau an. Sehen Sie ihm vor allem ins Gesicht — und dann wissen Sie genau, wie sexy er oder sie ist. Blödsinn, sagen Sie? Ist es nicht, denn die asiatische Wissenschaftlerin Lailan Young verriet auf einem Psychologen-Kongreß in England ihren Kollegen die alte Kunst des Siang Mien, d. h. die Kunst des Gesichtslesens.

Folgendes kam dabei heraus:

● Ein Blick in die Augen einer schönen Frau verrät es: Hat sie geplatzte Äderchen, ist sie in der Liebe fantasievoll und wild.

● Raffiniert und genießerisch erweisen sich Männer und Frauen mit langen und schön geschwungenen Wimpern (Typ Liz Taylor und Denver-Clan-Chef John Forsythe).

● Das gemütliche Kinn mit dem Grübchen in der Mitte verrät den Perfektionisten im Bett (aber auch im Beruf). Er will für seine Leistung gelobt werden.

● Eine stark geschwungene, sichelförmige Augenbraue ist das Zeichen für starke Sexualität bei Frauen und bei Männern.

- Kleine Ohrläppchen entlarven meist Langweiler in der Liebe. Diese Menschen leiden oft unter Komplexen.
- Große und kräftige Nasen, deren Öffnungen man von vorne nicht sehen kann, besagen: Liebe haben solche Menschen kaum in Sinn. Sie wollen nur eines, und das ist Geld machen!

Ganz interessant und aufschlußreich, die Kunst des Gesichtslesens — oder finden Sie nicht?

Der erste Blick —
das sehen Frauen bei Männern...

Überhaupt, ich finde es ganz lustig, bei Interviews manchmal zu fragen: Wo sehen Sie zuerst hin, wenn Sie einen interessanten Mann oder eine schöne Frau sehen? Die Antworten können Sie sich vielleicht schon denken.

Wir Frauen wurden ja durch Generationen hindurch so erzogen, daß wir den Blick züchtig zu Boden zu schlagen haben, wenn uns ein Mann ins Blickfeld gerät. Wir waren es doch, die mit Blicken taxiert wurden. Und es galt doch wirklich als unschicklich, einem Mann keck ins Auge zu blicken, seine möglicherweise viel zu rundlichen Hüften oder sonst was zu begutachten.

Das hat sich glücklicherweise alles geändert.

Wir sehen uns die Männer genau an. Und das sind einige Punkte, die für Frauen sehr wichtig sind:

- »Ich sehe einem Mann zuerst ins Gesicht, das muß offen und ehrlich sein.«
- »Ich achte darauf, wie er läuft. Wenn er wie ein Cowboy geht, so mit abgewinkelten Armen, dann laß ich die Finger weg. Diese Typen sind mir zu aggressiv.«
- »Die Gesamterscheinung muß stimmen, wenn er groß ist, dann darf er ruhig auch ein bißchen Bauch haben. Das sind gemütliche Männer.«

- »Ich habe eine Zeitlang immer auf die Nase geachtet. Weil man ja sagt, so wie die Nase des Mannes, so sein Johannes. Da bin ich aber ganz schön hereingefallen. Ich achte jetzt auch mehr auf die Gesamterscheinung.«
- »Ich achte auf Kleidung – und auf den Schmuck, den er trägt, wenn alles sehr dezent ist und zusammenpaßt, dann ist er für mich richtig, dann hat er Geschmack.«

Das sehen Männer...

Was Männer an uns Frauen sexy und schön finden, das wissen wir Frauen doch ganz genau!

Und eben deshalb gibt es die verführerischen Dekolletées, die knallengen Jeans, die superhohen Stöckelabsätze.

Wir geben doch ein wahnsinniges Geld aus für Kosmetik und Friseur – einfach um den Herren der Schöpfung zu gefallen.

Wußten Sie eigentlich, daß ein Mann keine zehn Sekunden braucht, um eine Frau mit den Augen zu erfassen. Ein Mann ist eben ein Augenmensch, dem ein Augenblick genügt, um festzustellen: »Diese Frau gefällt mir.«

Ich weiß nicht, ob Sie die Geschichten aus der Geschichte kennen: Der sensible Paris raubte die schöne Helena, nachdem er sie nur ein einziges Mal gesehen hatte. König David verlangte beim Anblick Bathsebas so sehr nach ihr, daß er ihren Mann in den Krieg schickte, aus dem er erwartungsgemäß nicht zurückkehrte. Und auch Johann Wolfgang von Goethe war ein Augenmensch, er konnte sich Gretchens Reizen nicht entziehen...

Und wohin gucken die Männer heute?

- »Ich sehe nur auf den Busen, alles andere ist mir egal.«
- »Eine Frau ist für mich nur dann eine Sexy-Frau, wenn sie einen richtigen Hintern hat. Danach sehe ich.«

- »Ich sehe zuerst die ganze Erscheinung, dann gucke ich, ob sie Busen hat.«
- »Ich stehe auf Frauen mit schönen langen Beinen.«
- »Ich achte auf Haare. Sind sie lang und dunkelblond, dann ist sie für mich klasse.«
- »Ich mag Frauen, die ein hübsches Gesicht haben, da sehe ich zuerst hin.«
- »Ich achte auf den Mund, der muß sinnlich und schön geschwungen sein.«

So sieht sie aus — eine Traumfrau

Weil wir gerade dabei sind, was Männern an uns Frauen besonders gut gefällt, will ich Ihnen eine recht interessante Untersuchung, die eine große Illustrierte beim Sample-Institut in Auftrag gegeben hat, nicht vorenthalten:

Zärtlich, treu und blond muß sie sein — die Traumfrau unserer Männer. Ob hell oder dunkelblond, das ist egal. Hauptsache blond.

Im optimalen Fall soll das Haar gewellt und mittellang sein. Etwa 1,70 Meter groß muß sie sein, mit guten Proportionen, gebräuntem Teint und blauen Augen.

Soweit ihre äußeren Werte.

Nach den inneren Werten gefragt, nannten 93 Prozent der Männer die Zärtlichkeit, dann Treue und Kinderliebe (je 92 Prozent). Und mit dem Geld muß sie umgehen können. Auch das war 92 Prozent der Männer ganz wichtig.

Dabei darf die moderne Traumfrau ruhig ein bißchen altmodisch sein. Sie darf Liebesbriefe schreiben. 84 Prozent der Männer erwarten das von ihrer Wunsch-Partnerin. Obwohl sie selbst nur zu 17 Prozent bereit sind, ihre Liebesschwüre der Post anzuvertrauen.

Keinen Zweifel gibt es daran, wer zu Hause die Hosen

anhat: Immerhin 69 Prozent (im Bundesdurchschnitt) favorisieren bei ihrer Idealfrau solche Eigenschaften wie ›Unterordnung‹. Es ist nicht zu glauben: Bayerische Mannsbilder fordern das sogar zu 79 Prozent, norddeutsche sind mit 59 Prozent etwas liberaler.

Die Bayern fallen auch mit einem anderen sonderlichen Wunsch auf: 82 Prozent der Männer träumen davon, daß eine Frau ›Schmerzen gut aushalten‹ kann. Mit der Partnerin über Sex zu reden, das ist ihnen ebenfalls wichtig (94 Prozent).

Und so sieht nach der Umfrage der weibliche Antityp aus: grauhaarig und grünäugig, verantwortungslos, fernseh- und eifersüchtig und männertoll!

Eine knappe Mehrheit der Männer scheint bei seiner Partnerin nicht viel zu vermissen. Immerhin 26 Prozent sind voll und ganz zufrieden, und 34 Prozent sind im großen und ganzen zufrieden. So, nun wissen wir also Bescheid. Ich möchte Sie nur um eines bitten: Wenn Sie dunkelhaarig, mit krausen Locken und über 1,70 Meter groß sind und auch noch dunkle Augen haben, dann springen Sie nicht aus dem Fenster und nehmen Sie nicht die seidene Schnur. Ich tu's auch nicht, und ich bin auch nicht die Traumfrau! Wenn uns ein Mann erst einmal im Visier hat, dann findet er schon was an uns, das ihn reizt!

Männer und Schmuck

Wie wäre es denn, meine Damen, wenn Sie sich jetzt im Urlaub (d. h. nicht, daß Sie das sonst nicht tun sollen) einmal die Männer und den dazugehörenden Schmuck genauer betrachten. Ich weiß nicht genau, wie Sie darüber denken, aber mir waren bis vor einiger Zeit Mannsbilder, die sich mit Ketten und Brillis behängten, überhaupt nicht geheuer.

Heute ist mir klarer geworden: Männer, die Schmuck tragen, sind nicht zwangsläufig Zuhältertypen oder ekelhafte Protze und Möchtegerne. Die Männer haben sich nur emanzipiert, mit dem gleichen Recht wie wir Frauen auch.

Die Männer haben keine Scheu mehr und wagen es, sich zu schmücken. Und hätten Sie das für möglich gehalten, nicht etwa die Schmuckindustrie hatte den Geistesblitz, die ›Krone der Schöpfung‹, den Mann, mit allerlei glitzernden Utensilien auszustatten. Nein, das war ganz anders und geht ewig weit zurück:

Als Adam selbst für seine Eva sorgen mußte, nachdem sie Gott verärgert vom gedeckten Tisch des Paradieses gewiesen hatte, behängte er sich als Zeichen seiner Jagderfolge mit Tierzähnen, Klauen, Knochen und Federn.

Seine Nachkommen, das ist verständlich, übernahmen gerne und freudig diese Möglichkeit der Imagepflege.

»Je mutiger ein Mann war, desto mehr Trophäen konnte er sich anheften.« Das stellte der Wiener Soziologe Rene König fest. Damit waren aber auch gleichzeitig Rangordnungsmerkmale in die Welt gesetzt. Je höher einer in der Hierarchie der Männerwelt aufstieg, desto mehr Schmuck mußte her. Der Status mußte ja sichtbar gemacht werden. Naturvölker haben diese Orientierungszeichen gesellschaftlichen Ranges bis heute beibehalten.

Irgendwann begannen aber auch die Feiglinge, sich zu schmücken – aus lauter Imponiergehabe und natürlich nur mit fremden Federn. Und schon war aus der Auszeichnung eine Mode geworden. Eigentlich noch viel mehr: Die Manneszier täuschte einen Status vor, der überhaupt nicht vorhanden war.

Im Laufe der Geschichte verstand es der Mann hervorragend, durch solche Äußerlichkeiten den schönen Schein zu wahren. Der Mann erwies sich sogar als ausgesprochen ›schmuck-erpicht‹:

Im 17. und 18. Jahrhundert schmückte sich vor allem

der Mann: Königskronen, Gürtelschnallen, schwere goldene Armbänder und noch viele andere Schmuckvarianten waren den herrschenden Herren der Vergangenheit höchst erstrebenswerte Erdengüter. Auf die Blütezeit des Männerschmucks folgte dann – wie könnte es auch anders sein – eine lange Phase äußerster Zurückhaltung in bezug auf Zierat. Ein Mann hatte nach der Maßgabe des 18. und frühen 20. Jahrhunderts kämpferisch, aggressiv und männlich zu sein!

Und Schmuck war nach Auffassung jener Zeitgenossen etwas typisch Weibliches.

Aber diese Zeiten sind nun auch wieder vorbei, und für uns ist es kein Thema mehr, ob Männer nun Schmuck tragen sollen oder nicht. Schließlich schmückt sich der Mann ja, ›um das Weib zu locken‹ und seiner Umwelt zu signalisieren: »Seht mich an, ich bin erfolgreich, ich bin reich, ich bin jemand.«

Es gibt natürlich noch andere Gründe, warum Männer Schmuck tragen:

Wenn der ganz junge Mann einen Ohrring trägt, vorzugsweise einen glänzenden Knopf, dann gibt er sich seinen Alters- und Gesinnungsgenossen als – sagen wir einfach – besonders verwegen zu erkennen.

Traditionsbewußte Adlige wollen ihresgleichen an einem besonders edlen Siegelring erkennen.

Sie sehen, der Schmuck hat also zugleich Privilegierungs-Charakter: Man schmückt sich mit dem, was die anderen nicht haben, was den anderen verwehrt ist.

Wenn Sie, meine Damen, das nächste Mal einem Mann besonders tief in die Augen blicken, dann schauen Sie doch auch mal nach, was er an Hals, Fingern und Handgelenken trägt. Der Schmuck, den er trägt, sagt etwas aus über ihn und über sein Verhältnis zu Frauen. Männerschmuck ist deshalb so aufschlußreich, weil er eben nicht zweckvoll und funktional ist (Armbanduhren will ich hier wirklich ausschließen). Ein Mann ist auch unfähig, ein Schmuckstück zu tragen, das nicht mit seiner Persönlichkeit übereinstimmt!

Gleichgültig, für welches Schmuckstück sich ein Mann entschieden hat — es signalisiert Ihnen, welche Seite seiner Persönlichkeit er betonen will.

● Er trägt ein Armband:
Dieser Mann legt sehr großen Wert darauf, zur Gesellschaft zu gehören. Das Armband verrät nicht nur seinen Namen (das sind die mit der kleinen Plakette), sondern auch sein unkompliziertes Naturell. Er hat keine Probleme, sich Konventionen anzupassen. Auch wenn er völlig unkonventionell wirkt, ist er doch ein angepaßter Typ.

● Er trägt ein Herz oder Kreuz am dünnen Kettchen:
Diesem Mann geht es dabei nicht um die modische Note. Er hängt an den sentimentalen Erinnerungen und Verpflichtungen dem Menschen gegenüber, von dem er es bekam. Suchen Sie Sicherheit und Geborgenheit, dann liegen Sie bei diesem Mann goldrichtig.

● Er trägt einen Zahn vom Tiger oder Elefanten am Lederband:
Der Mann, der so was um den Hals trägt, ist ein Mann mit Biß! Zähne stecken voll von sexueller und animalischer Bedeutung. Achtung: Sie haben es hier mit einem Jägertypen zu tun, der für ein Abenteuer auch meilenweit gehen würde. (Nicht zu verwechseln mit dem Mann mit der Zigarette und dem Loch im Schuh!!)

● Er trägt einen glitzernden Knopf im Ohr:
Der Mann liebt die Freiheit, ist übermütig und lebenslustig. Er fühlt sich immer als Held, auch wenn seine Schläfen längst grau geworden sind. Er ist genau der Typ Mann für die Frauen, bei denen immer etwas los sein muß — die Langeweile nicht ausstehen können — ihr ganzes Leben lang.

● Der Brillant am kleinen Finger:
Vergessen Sie bitte sofort alle Vorurteile von ›feminin‹ bis hin zum Zuhälter. Männer, die Brillanten tragen, lie-

ben entweder die Macht und das Geld, oder das Kind im Mann freut sich über das Glitzern des Steines. Ganz einfach ist das zu erklären!

● Der Familienring:
Ein Mann mit Selbstbewußtsein. Er signalisiert seiner Umwelt: Ich komme aus einem guten Stall. Mal so richtig rumflippen, das kommt für ihn überhaupt nicht in Frage. Er sehnt sich immerzu nach der heilen Welt.

Also Augen auf, schauen Sie genau, womit sich der Pfau schmückt (das meine ich überhaupt nicht bösartig), und Sie wissen, mit wem Sie es zu tun haben.

Sommerliebe — wunderbar

Sommerlieben, sagt man, sind die besten.
Damit reden sich nicht nur die Aussteiger auf Zeit heraus, die Abenteuer an den südlichen Stränden suchen.
Das ist auch die Meinung der Wissenschaftler und der Sexualmediziner. Danach sind Flirt und Ferien immer noch ein explosiver Cocktail, den sich der sonnengebräunte Latin-Lover und die lustvolle Blondine (auf die Haarfarbe will ich mich nicht so genau festlegen) aus nördlicheren Gefilden gerne teilen. »Der Flirt am Urlaubsort stärkt das Selbstvertrauen, und Sex im Urlaub hat therapeutische Wirkung«, das behauptet der italienische Psychologe Angelo Peluso.
Damit hat er wahrscheinlich sogar recht, denn die heimgekehrten Urlauber schwärmen doch das ganze Jahr über von ihrem ›Abenteuer‹:

● Gerda, seit 10 Jahren verheiratet und Hausfrau aus dem Ruhrgebiet, sieht die Sache mit dem Urlaubssex sehr locker:
»Jeden Juli treffe ich mich mit dem Barkeeper Luigi. Für den Rest des Jahres kann ich dann meinen mir angetrauten Sexmuffel wieder ertragen.«

● Susi, eine Schülerin aus Rosenheim, geht sogar noch weiter:
»Ein Urlaub in Italien ist das beste, um in die Liebe eingeführt zu werden. Ich rate das all meinen Freundinnen.«
● Petra und ihre Mutter Gisela aus Köln fahren jedes Jahr gemeinsam nach Spanien. Petra sagt: »Ich hab zwar einen Freund zu Hause, aber einmal im Jahr möchte ich richtig Spaß haben. Und meine Mutter, die schläft auch nicht jede Nacht in ihrem eigenen Bett.«

Andere Länder — andere Sitten

Flirten und Sex im Urlaub, dagegen ist überhaupt nichts einzuwenden. Jeder soll und muß das tun, wozu er Lust hat. Aber — denken Sie immer daran! — andere Länder, andere Sitten. Die Träume vom Glück im Urlaub können nämlich ganz schnell ins Wasser fallen, wenn Sie sich nicht an gewisse Spielregeln halten.

Die Männer müssen sich in südlichen Ländern (dahin reisen wir doch alle am liebsten) an weniger Spielregeln halten als wir Frauen.

Warum, fragen Sie? Na, ganz einfach, weil die schönen Töchter des Landes und die dazugehörenden jungen Mütter von der gesamten Familie bewacht werden. Besonders dann, wenn die Urlauber einfallen. Da ist es dann schon recht schwierig, an ›die Frau‹ zu kommen.

Wenn es Ihnen trotzdem gelungen ist, mit einem schönen Mädchen des Landes zu flirten oder sogar noch mehr anzustellen, dann kann Ihnen folgendes sehr leicht passieren:

● daß Sie von den Brüdern oder vom Vater des Mädchens furchtbar verprügelt werden,
● daß Sie quasi über Nacht verlobt sind und der Hochzeitstermin stolz bekanntgemacht wird.

In solchen Situationen helfen alle Beteuerungen, daß

Sie das ja nicht so gemeint haben, es nicht wußten und zu Hause in Deutschland schon Frau und Kinder haben, überhaupt nichts. Sie können nur noch eines tun — verschwinden und zwar möglichst leise und sofort.

Meine Herren, nehmen Sie sich das nicht so zu Herzen, es kann ja sein, daß es auch hier Ausnahmen gibt. Und dann gibt es ja die vielen schönen und abenteuerlustigen Damen, die ebenfalls Urlaub machen und nicht abgeneigt sind...

›Ich liebe dich!‹ heißt nicht: ›Ich heirate dich.‹

Und hier sind einige Tips für Sie, meine Damen, wenn Ihnen Ihr glutäugiger Urlaubsflirt heiße Worte ins Ohr flüstert.

Dabei müssen Sie ganz schön auf der Hut sein, denn er sagt immer nur »Ich liebe dich!« oder »Ich will mit dir ins Bett.« Er sagt nie: »Ich will dich heiraten.«

● Die sprichwörtliche Begeisterungsfähigkeit des Griechen steigert sich bei blonden Schönheiten ins Unkontrollierbare. Doch nicht alle diese braungebrannten Liebhaber sind so amüsant und unkompliziert, wie sie aussehen. Eine Warnung ist hier notwendig:

Wenn Sie nicht gewillt sind, nach ›A‹ auch ›B‹ zu sagen, flirten Sie lieber gar nicht! Griechen können es nicht ertragen, erst heiß gemacht zu werden und dann auf Granit zu beißen.

● Auch wenn der Marokkaner ernsthaft von der Ehe spricht — geben Sie sich nicht der Illusion hin, die einzige ›Scheherezade‹ Ihres schönen Kavaliers zu sein. Schon wenn Sie einmal länger weg sind, um sich frisch zu machen, lacht er sich eine andere an. Natürlich eine Europäerin, womöglich blond, Alter ist ihm egal. Für die Marokkaner ist die europäische Frau ein Statussymbol, um das seine Freunde ihn brennend beneiden.

● Der Ruf, von Natur aus stolz zu sein, ist für den Spanier eine schwere Last. Er ist unkompliziert, optimistisch und hat es in Sachen Liebe nicht eilig. Seien Sie aber nicht überrascht, wenn der glutäugige Herzensbrecher ein offizieller ›Novio‹, ein Verlobter ist, der sein Mädchen als Jungfrau zum Altar führen wird.

● Der jugoslawische Lover liebt das Leben und die unkomplizierten Ausländerinnen. Anstrengen mögen sie sich gar nicht. Da die Männer des Balkans von der liberalen Einstellung ihrer Mädchen in bezug auf Sexualität sehr verwöhnt sind, haben sie nicht viel Verständnis für Touristinnen, die damit viel Theater machen. Um so beachtlicher, daß es ihnen trotzdem gelingt, eine ganze Menge Romantik herbeizuzaubern.

● Nur keine Hoffnungen: Die Franzosen haben sich nicht auf Urlauberinnen spezialisiert. Vielleicht fühlt sich deshalb jede Touristin geschmeichelt, wenn der charmante Jean sie nach einem Vier-Gänge-Essen zu einem erotischen Erlebnis ermuntert. Wenn Sie nein sagen, dann ist er nicht böse. Er verlangt, daß Sie den Weg in sein Schlafzimmer freiwillig gehen und ihm auch noch am nächsten Morgen das Frühstück servieren — am Bett natürlich.

● Das Lächeln eines italienischen Mannes, das er Ihnen im Vorübergehen schenkt, ist absolut gekonnt. Seine Blicke gehen unter die Haut. Kein Wunder, der Italiener hat den Urlaubsflirt tausendfach geprobt. Spätestens beim Tanz unter freiem Himmel werden Sie mit der Stola oder Ihrem Jäckchen auch die bürgerlichen Zwänge ablegen. Damit es keinen Reinfall gibt, fassen Sie dieses italienische Intermezzo nicht als ›die große Liebe‹, sondern als schönes Vergnügen auf — er tut es bestimmt auch.

Sie sehen also, romantische Mondscheinnächte und südliche Sonne sind sehr aufregend — aber mit echter Liebe dürfen Sie das nicht verwechseln. Das gilt ganz besonders dann, wenn Ihr Partner den absoluten ›Heimvorteil‹ besitzt und ihn auch schamlos ausnutzt.

Für die feurigen Liebhaber, die ihre Masche hundertmal erprobt haben, sind Sie in Ihrer ›Einsamkeit‹ nichts anderes als ein leicht zu erlegendes Wild.

Hat Ihr Herz allerdings doch über Ihren Verstand gesiegt, was ich Ihnen nicht unbedingt wünschen möchte, und Sie haben sich Hals über Kopf richtig verliebt, dann sollten Sie sich an folgende Regeln halten, um zu Hause nicht noch mehr zu leiden:

- Hoffen Sie zu Hause nicht auf den erlösenden Anruf oder ein Telegramm Ihres Ferienadonis' mit einer rasenden Liebeserklärung.
- Verstauen Sie alle Geschenke, die Ihnen Ihre Ferienliebe gemacht hat, in der hintersten Ecke Ihres Schrankes.
- Verkriechen Sie sich nicht heulend in Ihren vier Wänden — das macht alt und häßlich. Zeigen Sie lieber bei Ihren Freunden Ihre herrliche Urlaubsbräune. Gehen Sie aus, auf Partys oder in Kneipen — auch wenn's in der ersten Zeit ein wenig schwerfällt.
- Hegen Sie keine Rachegelüste. Lächeln Sie lieber, das macht Sie hübsch und gibt neuen Mut.
- Erzählen Sie im Freundeskreis nur von Ihren schönen Ferienerlebnissen. Eine verpatzte Liebesaffäre ist doch nur der Anlaß zu Spötteleien und blödem Gerede.
- Sperren Sie sich nicht, wenn andere Männer Sie sympathisch finden. Denken Sie immer daran: Ihre Komplimente sind meist viel ehrlicher als das heiße Liebesgeflüster am Strand.

Er schaut immer nach anderen...

Haben Sie das auch schon mal beobachtet: Ein Mann geht mit einer wirklich gutaussehenden Frau spazieren — wo, das ist eigentlich völlig egal. Was tut er? Er verrenkt sich den Kopf nach einem Mädchen, das er gerade noch erspähen konnte! Die Frau an seiner Seite kann nun

- sich furchtbar darüber ärgern und auf einmal mißmutig ausschauend in Tränen ausbrechen.
- oder ihm ermunternd zulächeln und ebenfalls gucken!

Der Mann leidet nämlich an einer Krankheit – an der ›Anderen-Frauen-nachguck-Krankheit‹. Diese Krankheit kann bei den Männern das ganze Jahr über ausbrechen und ist überhaupt nicht auf die freie und unbeschwerte Urlaubszeit beschränkt. Nur im Sommer, wenn die Mädchen mit ihren Reizen überhaupt nicht geizen, dann leidet er ganz besonders darunter. Aber – er bemerkt es nicht, daß er von diesem Virus befallen ist. Leiden, das tun die Frauen, sie stehen dann vor einem schier unlösbaren Problem:

»Meiner guckt allen Blonden nach, egal ob sie hübsch, mager oder vollbusig sind. Und nicht etwa, daß er dezent nachschaut. Nein, er tut immer so, als hätte er noch nie so eine Frau gesehen. Unmöglich.« So beklagte sich die dunkelhaarige Karin aus Hamburg.

Und Bärbel aus München sagt: »Meiner bekommt richtige Stielaugen und kommentiert auch noch so laut, daß ich es höre: ›Mensch, die hat einen tollen Busen!‹«

Was geht nun in uns Frauen vor, wenn die Männer so schauen und so reden?

Da ist zuerst einmal die Angst, einem Vergleich nicht standzuhalten. Vielleicht entdeckt er ja eine andere, die ihn mehr fasziniert. Frauen haben Angst vor dem Vergleich, und sie haben Angst, den Mann zu verlieren.

Bärbel sagte noch etwas anderes, was sie so sehr verunsichert und ärgert: »Schließlich merken die anderen Frauen ja auch, daß der eine Freundin hat, und denken wahrscheinlich, mein Gott, mit der muß er ja sehr unzufrieden sein.«

Hinter Bärbels Ärger steckt das, was wir alle kennen: Wir sind stocksauer, weil wir an seiner Seite zu einer Art ›zweite Wahl‹ herabgestuft sind. Auch wenn er uns ständig seine Liebe versichert.

Wenn ich Ihnen jetzt sage, daß das Herumgucken unserer Männer normal ist, daß sie das brauchen, um immer wieder bestätigt zu werden, daß das ein Teil der Männlichkeit ist, dann springen Sie mir bitte nicht an die Gurgel. Es ist so!!

Versuchen Sie aus dieser Unart keine Tragödie zu machen. Versuchen Sie doch einfach darüber zu lächeln — nachsichtig versteht sich. Ich weiß, das fällt schwer, aber es gelingt Ihnen bestimmt. Denken Sie doch einfach daran, daß fremde Frauen seine Fantasie anregen, und davon profitieren wir doch schließlich auch.

Es gibt viele Gründe, warum Männer immer wieder nach anderen Frauen sehen. Das hat die Hamburger Psychologin Eva Küppers gesagt:

Ein Mann reagiert mehr auf das Äußere als eine Frau: Der weibliche Körper ist für ihn ein Signal, das sein Triebleben in Bewegung bringt.

Frauen reagieren eher auf den Gesamteindruck, auf eine Atmosphäre.

Einer Frau nachgucken, das gehört zum Männlichkeitsbild, das er von sich hat:

So hat er es gelernt. Er fühlt sich ja praktisch verpflichtet, dem Blick freien Lauf zu lassen — sonst kommt er sich womöglich verklemmt, unsexy oder gar unmännlich vor.

Eine fremde Frau regt seine Fantasie an:

Er braucht ein Bild vor Augen, um Träume zu entwickeln. Und es reizt ihn besonders, wenn dieses Bild sich vor seinen Augen bewegt.

Und damit Sie, meine Herren, nicht auf Ihr Vergnügen verzichten müssen, Ihre Freundin aber nicht verletzen, gebe ich Ihnen folgende Tips:

● Freuen Sie sich über eine schöne Frau,
● schauen Sie aber nicht penetrant und auch nicht heimlich hin. Tun Sie es offen, denn damit zeigen Sie Ihrer Partnerin, daß Sie sie wirklich lieben, weil Sie keine geheimen Wünsche und Heimlichkeiten vor ihr haben.

An den Farben sollt ihr sie erkennen

Wissen Sie eigentlich, warum Frauen immer wieder zur selben Farbe greifen, wenn sie sich etwas zum Anziehen kaufen. Ganz besonders auffällig ist es bei Bikinis und Badeanzügen! Denn diese ›Schwimmtracht‹ enthüllt weit mehr als nur die Kurven und den schönen Körper.

Die Farbe enthüllt eine ganze Menge über die Persönlichkeit der Trägerin, ihre Vorlieben und ihre Abneigungen.

Die Soziologin Dr. Jackie Boles von der Georgia University hat in einer wissenschaftlichen Untersuchung festgestellt: »Die Farbe des Bikinis oder des Badeanzugs spricht Bände über die Psyche einer Frau. Da man sich solche Kleidungsstücke ja nicht dutzendweise kauft, wird man sich meist für die Farbe entscheiden, die zu einem paßt.«

Also aufgepaßt:

• Trägt sie gerne Schwarz, hat sie einen Hang zu Dramatik. Schwarz wird von schillernden Persönlichkeiten getragen.
• Die Farbe Orange ist gleichbedeutend mit Lebenslust, ansteckendem Optimismus, großer Energie.
• Die Farbe Gelb signalisiert Klugheit, Fröhlichkeit, Mut, Furchtlosigkeit und Durchsetzungsvermögen.
• Die Farbe Dunkelrot wird bevorzugt von sensiblen, zurückhaltenden Menschen, die gut zuhören können und sich in den Hintergrund stellen.
• Wer die Farbe Braun gerne trägt, ist realistisch, wahrheitsliebend und vertrauenswürdig.
• Rot signalisiert ausgeprägtes Selbstbewußtsein. Achtung, meine Herren: Solche Damen fallen sehr gerne auf.
• Wer die Farbe Weiß trägt, will kühn wirken, ist jedoch sehr temperamentvoll und geschäftstüchtig.
• Frauen, die Grün tragen, die sind romantisch, zärtlich. Mit einem Wort, es sind Frauen, die die Liebe lieben.

• Wenn eine Frau Pink trägt, dann können Sie sicher sein, daß sie sehr sexy, sehr feminin und eine geborene Genießerin ist.

Mit dieser Farbskala, glaube ich, können Sie ganz gut zurechtkommen. Oder?

Hoffentlich ist nix passiert...

Damit Ihr Urlaub nicht zu einem Alptraum wird, wenn Sie wieder zu Hause sind, möchte ich noch mal auf das Thema Verhütung kommen. Und das ganz ernsthaft! Denn in der schönsten Zeit des Jahres, in der auch die Liebe am schönsten ist, geschehen manchmal Wunder. Und die sind manchmal überhaupt nicht schön.

Durch das totale Losgelöstsein vom Alltag kommt es bei vielen Frauen zum spontanen Eisprung, und dadurch können selbst kinderlose Paare plötzlich überraschend zu einer bisher vergeblich herbeigesehnten Schwangerschaft gelangen.

Umgekehrt erleben aber gerade im Urlaub oft Frauen, die absolut kein Kind haben wollen, eine böse Überraschung — sie werden schwanger. Über die Möglichkeit, eine solche Ferienschwangerschaft zu verhüten, sagt ›Pro Familia‹:

Die Empfängnisverhütung ist heute nicht mehr alleine die Sache der Frau, auch die Männer sollten sich vor dem Urlaubsbeginn richtig ausrüsten!

Für Frauen ist die Antibabypille immer noch das sicherste Verhütungsmittel. Frauen, die auf nicht hormonelle Verhütungsmittel wie zum Beispiel Zäpfchen schwören, sollten, wenn sie mit einem Ferien-Abenteuer rechnen, an ausreichenden Vorrat denken. Am Urlaubsort sind diese Dinge oft nicht erhältlich! Hat es dennoch einen Unfall gegeben, dann gibt es für den ›Morgen danach‹ heute eine Methode, deren Sicherheit bei 99 Prozent liegt und die gegenüber der früheren ›Pille danach‹ den Organismus weitaus weniger belastet. (Die frühere ›Pille danach‹ entsprach einem über drei Jahre lang eingenommenen, niedrig dosierten Pillenpräparat.)

Die neue, kombinierte Östrogen-Gestagen-Methode für ›danach‹ kennt jeder Frauenarzt. Er kann Sie darüber ausführlich und richtig informieren!

Macht eine Frau zu Hause Urlaub, dann kann sie sich, wenn es ›passiert‹ ist, vom Arzt auch noch bis zu 5 Tage nach dem Verkehr eine Spirale einlegen lassen. Damit wird die Einnistung des befruchteten Eis in die Gebärmutter verhindert. All diese Methoden sind legal und kein Schwangerschaftsabbruch! Aber meinen Sie nicht auch, es ist wirklich besser, sich vor dem Urlaub auf alles gut vorzubereiten, damit nicht nachher die große Reue und das Zähneklappern kommt: Hoffentlich ist nichts passiert!

Der Alltag ist gar nicht so grau

Nun hat er Sie wieder, der Alltag zu Hause!

Ich hoffe doch nicht, daß Sie schon Tage vor Ihrer Abreise miesepetrig herumgesessen sind und nur daran dachten, was nun alles wieder auf Sie einstürmt:

- Berge von Arbeit im Büro
- körbeweise schmutzige Wäsche
- eine völlig unaufgeräumte Wohnung
- unangenehme Post im Briefkasten
- Regenwetter und Kälte
- und das bedrückende Alleinsein nach fröhlichen und unbeschwerten Tagen.

Freuen Sie sich statt dessen lieber auf Ihre Freunde, auf Ihren Partner – den Sie möglicherweise zu Hause zurückließen, auf Kino- und Theaterbesuche und einen gemütlichen Tratsch mit Ihrer besten Freundin. Was glauben Sie, was während Ihrer Abwesenheit alles passiert ist. Sie wollen doch nicht etwa für die nächsten Monate völlig uninformiert durch die Gegend traben?

Denken Sie immer daran, auch zu Hause gibt es Männer, die Komplimente machen können, und Frauen, die toll aussehen und auch nicht prüde sind.

Also, es nützt nichts, Sie müssen wieder ran.

Lassen Sie sich also die letzten schönen Tage nicht vermiesen und genießen Sie sie in vollen Zügen!

Und über den Trennungsschmerz von Ihrer Urlaubsliebe kommen Sie am besten hinweg, wenn Sie sich immer wieder sagen: Die große Liebe und den Partner fürs Leben findet man im Urlaub so gut wie nie. Ich sage so gut wie nie, denn unsere rührigen Statistiker haben herausgefunden, daß immerhin zwei Prozent (!) aller Ehen im ›Urlaubsparadies‹ geschlossen wurden. Hier ist es halt wie im Lotteriespiel.

Was ist aus Ihrer Urlaubsliebe geworden?

Interessanter finde ich es schon, wenn Sie sich nach einer gewissen Zeit überlegen, warum Sie auf den Flirt im Urlaub hereingefallen sind und was daraus geworden ist.

Meine Freundin Elke hat mir folgendes gesagt: »Du mußt doch auch zugeben, daß man sich immer einen Märchenprinzen vorstellt. Auch wenn man ganz genau weiß, daß es das gar nicht gibt. Man stellt doch viel häufiger fest, daß der tolle Mann am Strand längst in festen Händen ist. Oder er wohnt in Ostfriesland und ich in Frankfurt. Dann ist doch nach ein paar Telefongesprächen sowieso alles vorbei.«

Stimmt, denn Heinrich Heine sagte schon so treffend: »Die Geographie tötet die Liebe.«

Für Susanne, eine 21jährige Studentin aus Düsseldorf

hing der Urlaubshimmel voller Geigen. Sie hatte in Rom ihren ›Traummann‹ gefunden. Zwei verliebte Wochen verbrachten sie zusammen. Da mußte sie zurück. Sie schrieb ihm sehnsüchtige Briefe — alle kamen zurück: ›Empfänger unbekannt‹. Klar, was da gelaufen ist. Susanne jedenfalls sagt zum Thema Urlaubsliebe: »Mein Urlaubsflirt ist eine süße Erinnerung mit einem ordentlichen Schuß Bitterkeit.«

Glauben Sie ja nicht, daß nur wir Frauen leiden, wenn sich später herausgestellt ht, daß die heißen Schwüre der Urlaubscasanovas alle nicht stimmten! Männer sind ganz genauso enttäuscht.

Kai aus Travemünde wußte folgende Geschichte zu erzählen:

»Ich habe mich auf Mallorca in eine wahnsinnig schöne Frau verliebt. Sie sah toll aus, hatte eine irre Figur, und sie war eine echte Granate im Bett. Alles stimmte. Ich war so verrückt nach ihr, daß ich sie sofort heiraten wollte. Zum Glück habe ich das nicht getan. Wäre ja auch gar nicht gegangen. Das habe ich aber erst herausgefunden, als ich sie nach unserem Urlaub einmal zu Hause in Hannover besuchte. Sie war bereits verheiratet und hatte zwei kleine Kinder. Ich habe sie auch nur eine halbe Stunde gesehen, dann mußte ich verschwinden. Ihr Mann kam nach Hause. Zuerst war ich sauer, jetzt bin ich aber so weit, daß ich gerne an unsere gemeinsamen Stunden denke. Es war eben nur eine Urlaubsromanze — und mehr nicht.«

Langeweile — Alltags-Sex

Die Langeweile ist der Feind jeder Partnerschaft und der Todfeind der Liebe.

Wenn Sie solo durchs Leben gehen und auch nicht vorhaben, sich jemals fest zu binden, dann haben Sie damit keine Probleme. Sie beenden eine Liebschaft — noch bevor sich die Langeweile einschleicht.

In einer Partnerschaft ist das aber anders.

»Wir können nicht mehr zusammen reden«, »Mein Mann ist nicht mehr zärtlich zu mir«, »Er oder sie läßt sich gehen« und »Mehr als ein Küßchen gibt es bei uns im Bett nicht mehr«, das sind die häufigsten Klagen von Männern und von Frauen, wenn sich die Langeweile ins Leben eingeschlichen hat.

Und das Gefährliche dabei ist, die Langeweile kommt nicht plötzlich, sie kommt nicht, wenn man auf ein bestimmtes Knöpfchen drückt. Sie kommt mit der Zeit. Und wissen Sie warum? Weil eben alles so eingefahren ist, weil immer alles geordnet seinen Gang läuft, weil immer alles auf seinem Platz liegt (auch im Bett). Und wenn man zu faul ist zum Reden, dann ist es doch so einfach, schnell den Fernseher einzuschalten. Später geht man dann womöglich auch noch wortlos ins Bett, weil man hundemüde ist.

Ganz schön schlimm, finden Sie nicht auch?

Ich will mich jetzt gar nicht so sehr mit der Langeweile im ganz normalen Alltag befassen.

Ich meine eher die Langeweile im Bett, die Routine in der Liebe, wenn die Hochspannung nachläßt. Ich meine den Alltags-Sex.

Früher — und manchmal muß das gar nicht so arg lange her sein — da war jede Nacht, die Sie gemeinsam im Bett verbrachten, ein einziger Rausch.

Und was ist daraus geworden? Sex ist eine langweilige Sache geworden, von der ersten bis zur letzten Minute. Nicht daß es Ihnen unangenehm wäre, mit Ihrem Partner oder Ihrer Partnerin zu schlafen. Das ist es nicht. Aber das Gelbe vom Ei, das ist es längst nicht mehr. Sie wissen, was Sie erwartet, und Sie machen mit. Aber recht lustlos. Im Grunde sind Sie doch, was diesen Bereich Ihrer Beziehung anbelangt, ziemlich unzufrieden. Dabei hat sich doch an Ihrer Sinnlichkeit nichts geändert. Oder doch?

Sie haben Lust auf Sex — aber nicht so. Nicht so eingefahren routiniert und langweilig! Sie wollen keinen Alltags-Sex! Haben Sie nach einer so unbefriedigenden
Nacht nicht auch schon mal gedacht: Irgend etwas Neues, irgend jemand müßte auftauchen und mir die verlore-
ne Spannung noch einmal verschaffen. Soll ich denn etwa für immer darauf verzichten? War das etwa schon alles? Soll das denn für das ganze Leben schon ausgereicht
haben, die paar kurzen Monate oder Jahre mit ihm oder
mit ihr?

Wenn Sie solchen düsteren Gedanken nachhängen,
dann sind Sie von einem Leiden befallen, von dem Leiden an einer Liebe, die zur festgefahrenen Gewohnheit
geworden ist. Und alles, was Gewohnheit ist, wird über
kurz oder lang zur Langeweile. Dieses ›Leiden an einer
Liebe‹ ist verhältnismäßig neu. Denn die Großmutter
wurde dem Großvater angetraut, weil er eine ›passende Partie‹ war, weil er eine gute Karriere vor sich hatte, weil die beiden Familien aus der gleichen Schicht
stammten und weil die Großmutter schließlich finanziell versorgt werden mußte. Die Ehe war mehr ein
Firmenzusammenschluß denn eine romantische Angelegenheit. Langweiliger Alltags-Sex oder erregende
Superleidenschaften — solche Fragen stellte man sich
erst gar nicht!

Sex war bestenfalls eine erfreuliche Zutat, im schlech-
testen Fall ein unumgängliches Übel — niemals jedoch
Kriterium für Gedeih oder Verderb der Beziehung.

Diese Zeiten sind vorbei — und zwar radikal. Niemand
hat Sie zur Ehe mit Ihrem Mann oder Ihrer Frau gezwungen, gedrängt oder auch nur veranlaßt. Sie haben sich Ihren Partner selbst ausgesucht und sich für diese Zweisamkeit entschieden. Der Entschluß wiegt also schwerer.
Darüber sind Sie sich — wenn auch unbewußt — im klaren: Wenn Sie schon zugunsten eines einzigen Mannes
oder einer einzigen Frau auf die Möglichkeit verzichten,
in aller Unschuld und Freiheit zu schlafen, mit wem Sie

eben gerade Lust haben, dann soll dieser ›Verzicht‹ auch belohnt werden!

Ich glaube aber, daß wir Frauen es uns in dieser Beziehung ein wenig leicht machen, wenn wir von den Männern verlangen, sich für unser ›Opfer‹ erkenntlich zu zeigen: durch Geborgenheit, Sicherheit und Vertrauen. Aber eben auch durch nie nachlassende Verliebtheit, rauschende und erregende Liebesstunden, egal, wie lange wir schon mit unserem Partner zusammenleben.

Solche hohen Ansprüche stellen Sie an Ihre Partnerschaft. Und es dauert nicht lange, bis sich ein leises Gefühl der Enttäuschung einstellt, das sich über kurz oder lang zu einem satten Frust auswächst. Die tolle Aufregung im Bett bleibt aus, sollte man jetzt nicht doch den Partner wechseln? Wir haben es nicht leicht heute. Mit hängender Zunge laufen wir hinter Entwicklungen und Trends her, die wir noch gar nicht verarbeitet haben.

Sie versprachen sich das große Glück in Ihrer Zweierbeziehung. Sie haben es auch gekriegt. Daß Sie im Bett dennoch nicht mehr so recht auf Ihre Kosten kommen, liegt zu einem großen Teil an Ihnen selbst.

Sind Sie mir nicht böse, wenn ich das so direkt sage. Aber ›er‹ soll Ihnen immer noch den großen Rausch der ersten Zeit verschaffen. Und was tun Sie? Nichts! Sie überlassen alles ihm. Er alleine kann aber nicht Erregung für zwei aus dem Boden stampfen, Ihnen Jahr für Jahr mehrmals die Woche zu einem tollen Abenteuer verhelfen. Diese Forderung ist einfach unerfüllbar!

Wir müssen schon etwas dazutun, damit wir Langeweile verjagen und den Frust aus dem Bett verbannen.

In diesem Zusammenhang gibt es eine sehr interessante Entdeckung von Sexualwissenschaftlern: Oft wird gerade das, was uns an einem Partner zu Anfang am stärksten erregt und gereizt hat, später im Alltag als besonders unangenehm empfunden.

Seine spezielle Art, Sie zu streicheln, das hat Sie früher total verrückt gemacht. Jetzt können Sie dieses Streicheln überhaupt nicht mehr ausstehen. Weil er es eben schon tausendmal oder öfter wiederholt hat.

Fragen Sie sich doch mal, ob Ihre Abneigung nicht aus einer Blockade kommt, die Sie von vornherein aufbauen gegen die ›ewige Routine‹ in Ihrer Liebe. Mit angezogener Handbremse können Sie ganz schlecht durchstarten. Bedeckt von einer schalldichten Haube aus Langeweile und resignierter Frustration werden Ihre sinnlichen Antennen schwach oder gar nicht auf seine Signale antworten.

Natürlich ist es nicht unwichtig, neue Variationen in das Liebesspiel einzubauen. Aber die eigentliche, wichtige Arbeit, um den Alltags-Sex in den Griff zu bekommen, die muß in Ihrem Inneren geleistet werden.

Ihre ablehnende Einstellung zum Sex aller Tage und Nächte muß abgebaut werden.

Alltagsliebe ist etwas Wunderschönes, durch Vertrautheit Gewachsenes, ein Ritual, das Sie genießen können — wenn Sie nicht dabei mit einem Auge nach der atemberaubenden Liebesszene im Film oder dem Sensationsbericht vom absoluten Totalorgasmus der Superlative schielen.

Versuchen Sie, sich zu entspannen, sich darauf zu freuen, daß er den Arm um Sie schlingen wird wie jedesmal, Sie hinters linke Ohr küßt und dann Ihren Nacken krault — wie jedesmal. Genießen Sie diesen Ablauf wie ein Privileg.

Die Liebe aller Tage ist eine Errungenschaft, die nur zu erwerben ist durch Jahre vertrauter Partnerschaft, durch das intime Einander-Kennen. Mit Abenteuer und Aufregung hat Alltags-Sex freilich nichts zu tun. Nur — vom Abenteuer kann man schlecht leben. Vom Alltags-Sex hingegen lange. Ein ganzes Leben lang, warm und zärtlich. Alles, was Sie tun müssen ist, ist, sie endlich lieben zu lernen, die Liebe aller Tage. Und Sie dürfen sich nicht durchhängen lassen, wenn es im Bett nicht so klappt, wie Sie es sich vorstellen.

Werfen Sie sich bitte nicht vor: Du bist langweilig! Nur weil sie wirklich mal Kopfschmerzen hat oder er so erledigt vom Tagesgeschäft ist, daß einfach nur noch das Allernötigste im Bett passiert!

Verführen Sie ihn mal wieder...

Um das eingefahrene Sex-Leben wieder mal richtig aufzumöbeln, könnten Sie sich natürlich noch viel mehr einfallen lassen. Verführen Sie Ihren Partner doch mal wieder — so wie Sie es früher gemacht haben.

Die alten Tricks, die kennen Sie doch bestimmt noch: schöne sexy Wäsche, weiche Musik, ein Glas Champagner, ein zufällig aufschwingender Rock und nichts darunter — Sie wissen es, das zieht immer noch!

Aufregender wird dies:

- Seien Sie früher im Haus als er. Baden Sie und empfangen Sie ihn wunderbar duftend mit einem Badelaken um den Körper gewickelt.
- Schauen Sie sich selbst lange und sehr nah vorm Spiegel an. Seien Sie ruhig etwas selbstverliebt — das springt über.
- Senken Sie Ihre Stimme, das macht sie warm und sexy.
- Schauen Sie ihm direkt in die Augen, ein bißchen länger als nötig, wenn Sie mit ihm reden — tun Sie es nicht, wenn Sie nebenher Tomaten oder Zwiebeln schneiden.
- Setzen Sie sich ihm ruhig mal zu Füßen, sagen Sie ihm, was Sie an ihm so erotisch finden. Loben Sie ihn überhaupt — er braucht das.
- Massieren Sie ihn — finden Sie seinen Körper schön, kneten Sie ihm die Füße.
- Sprechen Sie über erotische Bücher und über Sex.
- Machen Sie ein Picknick auf dem Sofa: Man kann die frischen Sommerfrüchte auch mit bloßen Fingern vernaschen.

Damit wir uns richtig verstehen, das Thema ›verwöhnen‹ gilt natürlich nicht ausschließlich uns Frauen. Und es heißt auch nicht, daß sich die Männer in Paschamanier hinsetzen und darauf warten, was wir nun alles zu bieten haben. Verwöhnen muß man sich schon gegenseitig. Und Sie als Mann können da auch was dazu tun:

● tagsüber mal zu Hause anrufen und sagen, daß Sie sich auf den Abend nur zu zweit freuen.
● Ihr ihr Lieblingsparfum mitbringen.
● ein paar Minuten früher den Wecker klingeln lassen und noch mal ganz eng mit ihr kuscheln.
● nach der Liebe nicht sofort einzuschlafen.
● ihr wieder mal eine Liebeserklärung machen, so wie ganz früher.
● ihr sagen, daß sie für Sie immer noch eine aufregende Frau ist.
● sie langsam und zärtlich ausziehen und küssen.
● sie zu einem Wochenende in ein romantisches Liebeshotel einladen.

Ich bin ganz sicher, daß Ihnen zu diesem Thema noch viel mehr Dinge einfallen, die Ihnen beiden Spaß bringen.

Sex macht fit...

Wenn Sie gerade dabei sind, Ihr Sex-Leben umzukrempeln, dann denken Sie auch immer daran:

Sex ist ein sehr guter Kalorienfresser, denn beim Sex werden alle Körperfunktionen angeregt. Also ist Sex auch eine angenehme Trimmübung fürs Herz.

Das Liebesspiel dauert im Durchschnitt acht Minuten, der Orgasmus bis zu 15 Sekunden. Und bei der Liebe klopft das Herz so schnell wie zum Beispiel bei einem Aerobic-Training. Das wirkt wie Jungbrunnen: Körper,

Herz und Hirn werden von Sauerstoff durchflutet, das Blut pulsiert besser. Die Adern werden gekräftigt, leichte Ablagerungen werden einfach weggespült. Die Haut wird rosig und straffer. Da mehr Hormone ausgeschüttet werden, fühlt man sich nach der Liebe fit – und die Lust auf noch mehr Liebe steigt.

Bei einem Sex-Abenteuer verbraucht ein Mensch mindestens 350 Kalorien. In einer feurigen Liebesnacht kann ein Mann oder eine Frau ein ganzes Pfund Gewicht verlieren!

Außerdem: Wer oft liebt, ißt weniger, weil das Appetitzentrum im Gehirn vom in der Nähe liegenden Sexualzentrum gedämpft wird.

Wenn man auf eine so angenehme Weise seine überflüssigen Pfunde wegkriegt, dann kann man doch glatt auf die nervigen Hungerkuren, aufs Joggen oder aufs schweißtreibende Bodybuilding verzichten. Meinen Sie nicht auch?

Schlafzimmergespräche, aber richtig...

Sexualität ist eigentlich kein Thema mehr. Als aufgeklärte Menschen haben wir doch alles gelesen, alles ausprobiert und über alles gesprochen.

Trotzdem gibt es manchmal Situationen, in denen wir uns hilflos und durchaus nicht erfahren fühlen. Es gibt Situationen, in denen wir genau wissen, was wir möchten, was wir tun sollten – die große Frage ist nur, wie sage ich es meinem Partner?

Und am schwierigsten sind die Gespräche, bei denen es sich um Dinge dreht, die uns im Bett, bei der Liebe stören.

Wenn man mit ihm reden will:

Schlafzimmergespräche sind ›in‹. Seitdem Sexual- und Eheberater die Wichtigkeit des ›Miteinanderredens‹ gerade im sexuellen Bereich proklamiert haben, endet so manches zärtliche Beisammensein in detaillierten Regie-Anweisungen, nicht selten auch in Kritik und bitteren Vorwürfen. Oft mit anschließender tage- oder wochenlanger sexueller Abstinenz, weil der Partner Angst vor den Erwartungen des anderen hat.

Oder aber ein verunsicherter Liebhaber streichelt genau so, buchstabengetreu, wie es gewünscht wurde, ist dabei verkrampft, verliert jegliche Spontanität. Das wiederum trägt nicht zur sexuellen Harmonie bei.

Beate hat mir ihre Erfahrungen mit ›intimen Gesprächen‹ so geschildert: »Ich rede nur, er schweigt verbissen und grinst ab und zu verlegen. Danach dreht er sich kommentarlos zur Seite. Und die nächsten Tage, da läuft nichts. Oder er fingert halbherzig an mir herum, und das macht mich nervös.«

Also, zurück zum nächtlichen Schweigen, allenfalls zum Bettgeflüster? Das sicher nicht! Nur — so paradox es klingt: Schlafzimmergespräche gehören nicht ins Schlafzimmer. Nichts erzeugt soviel Unsicherheit, Angst und Leistungsdruck wie eine noch so lieb gemeinte Manöverkritik vor, während oder nach einem intimen Zusammensein. Weil der so Kritisierte sich unmittelbar zum Handeln gezwungen sieht und keine Chance hat, das Gehörte zu durchdenken, zu verarbeiten und emotionellen Abstand zu gewinnen.

Ein Gespräch über sexuelle Wünsche oder Abneigungen sollte immer in einer neutralen Umgebung stattfinden. Weit weg von jeglichem Zwang, es auch gleich ausprobieren zu müssen.

Man kann darüber reden bei

- einem Abendessen im Restaurant,
- einem Spaziergang oder
- einer längeren Reise.

Und auch dann, wenn er im Gespräch nichts dazu sagt (Männer reden nun einmal ungerne über ihre Gefühle), heißt das noch lange nicht, daß er nicht zugehört oder es nicht verstanden hat.

Nur — er muß ja nicht gleich am ersten Abend den Beweis antreten. Ein paar Abende zärtliches Gekuschel ohne sexuelle Pflicht — und das Gespräch wird das sein, was es sein sollte: eine liebevolle Hilfe, aber keine unmittelbare Forderung.

Wenn er danach sofort duscht:

Eine der häufigsten Klagen von Frauen betrifft die Sauberkeit ihrer Bettgenossen. Damit meine ich um Himmels willen nicht die Unsauberkeit, ich meine die zu schnelle und abrupte Waschaktion ›danach‹.

Ich meine diese Männer, die unmittelbar nach dem Höhepunkt der zärtlichen Vereinigung freundlich aber bestimmt fragen: »Möchtest du erst ins Bad, oder kann ich?«, um dann sofort ins Bad zu stürmen.

Auch wenn es verständlich ist, daß man irgendwann einmal im Bad verschwinden möchte, so ist diese Art von Abschluß für uns Frauen enttäuschend und etwas traurig. Wir Frauen möchten gerne noch längere Zeit danach zusammenliegen, kuscheln, entspannt und glücklich sein. Denn ›zusammen schlafen‹, das ist doch kein steriler Akt.

Viele Männer (rund 70 Prozent) berücksichtigen nicht, daß die Erregungsphase bei Frauen nach dem Orgasmus langsamer abebbt als bei ihnen. Sie erklären ihr Verhalten mit einer Kavaliersgeste: »Es ist doch einer Frau nicht zuzumuten, länger als nötig mit einem verschwitzten Kerl zusammenzuliegen.« Männer muß man eben eines Besseren belehren: Sie lieb zurückhalten und ihnen zeigen, daß ein zärtliches Kuscheln genauso zur Intimität gehört wie der eigentliche sexuelle Akt. Trotzdem wird es immer wieder Männer geben, die das nicht mögen. Und das sollte man dann — wohl oder übel — akzeptieren. Ein Kompromiß für beide kann es sein, gemeinsam unter die Dusche oder in die Badewanne zu steigen und dort das zärtliche Liebesspiel ausklingen zu lassen.

Wenn das unmöglich ist, dann gibt es nur einen Trost: Getrennt ins Bad und dann gemeinsam zu neuen Taten schreiten!

Wenn sie ihre Periode hat:

Früher hatten alle Frauen einmal im Monat Migräne, heute haben sie ihre Periode, und sie sprechen auch offen darüber. Und auch auf das sexuelle Leben wird in diesen Tagen nicht verzichtet. Umfragen haben ergeben, daß rund 67 Prozent aller Frauen während ihrer Periode – wenn auch nicht in den ersten Tagen – mit einem Mann schlafen.

Trotzdem, am Anfang einer neuen Beziehung ist das anders: Da mögen viele Frauen nicht einmal sagen, daß sie ihre Tage haben. Da wird auch heute noch sexuelle Unlust mit der altbewährten Migräne, Müdigkeit, mit allgemeinem Unwohlsein oder dem banalen Satz »Ich fühle mich heute nicht so« begründet.

Ein Satz, der zu Schwierigkeiten führen kann, wenn der Mann die versteckte Bedeutung dieses Satzes nicht versteht und nun seinen ganzen Ehrgeiz daran setzt, ihr Unwohlsein zärtlich zu beheben. Gibt es doch auch sonst genügend Momente, wo sie zuerst nein und dann ja sagt. Ganz schön verzwickt! Wozu eigentlich dieses unnötige Theater, wenn man doch sonst durchaus aufgeklärt und offen reagiert? Zunächst einmal sind die Männer daran schuld!

Ihre Reaktionen auf ein ehrliches »Weil ich meine Tage habe« reichen von peinlichem Berührtsein, verlegenem Schweigen bis zum forschen Spruch. Souverän und locker, das sind sie selten, die Männer.

Was Wunder, wenn man beim nächsten Mal nach einer anderen Begründung sucht.

Ein weiterer Grund ist, daß man nicht als prüde oder gar zickig gelten möchte. Könnte es doch sein, daß der neue Freund darin durchaus kein Hindernis sieht und trotzdem mit ihr schlafen möchte. Das aber will man eben nicht – und auch nicht darüber diskutieren.

Denn miteinander während der Periode zu schlafen setzt bei den meisten Frauen viel mehr voraus als Verliebtheit und körperliche Attraktion: Da muß schon eine sehr starke seelische Vertrautheit da sein, eine im wahrsten Sinne des Wortes intime Bindung, um auch dann mit einem Mann zu schlafen, wenn man sich seines Körpers und seiner Ästhetik nicht ganz sicher fühlt. Nur eines ist verständlich: Solange wir Frauen über dieses Thema nicht offen sprechen mögen, so lange wird auch ein Teil der Männer nicht mit Selbstverständnis reagieren.

Wenn er ständig nur darüber *spricht*:

Es gibt Männer, für die ist Sex das Thema Nummer eins. Ständig reden sie darüber – nur handeln, das tun sie selten. Das sieht dann so aus: Abends dreht er sich müde zur Seite und murmelt: »Morgen früh, da bist du dran.«

Morgens springt er fröhlich aus dem Bett, ruft aber beim Duschen: »Heute abend gehen wir ganz früh ins Bett.«

Als Frau ärgert man sich darüber. Es nervt, wenn ständig Vorankündigungen kommen, wenn viel geredet und wenig gehandelt wird. Dabei sind diese Männer, die ständig darüber reden, durchaus gute und potente Liebhaber – nur sie glauben selbst nicht daran. Ständig schwirren ihnen sexuelle Normen durch den Kopf, wie: Vier- bis fünfmal in der Woche, das ist normal. Oder: Zweimal hintereinander, das ist doch gar nichts.

Solche Gedanken erzeugen bei Männern Ängste, dieser Leistungsanforderung nicht gerecht zu werden. Weil sie halt nur zweimal die Woche Lust verspüren.

Um diese Diskrepanz zwischen Soll und Kann auszugleichen, reden sie darüber, geben sich frei und zumindest verbal recht potent.

Auch wenn man sich als Frau darüber ärgert, das beste Mittel ist – zu schweigen und zu handeln. Denn jede Reaktion wie »Ja ja, ich weiß schon« oder »So oft, wie du darüber redest, kannst du doch gar nicht« erhöht nur seine sexuelle Angst, zwingt ihn geradezu, noch mehr – zumindest verbale – Potenz zu demonstrieren.

Zeigen Sie ihm, daß Sie – so wie er ist – glücklich mit ihm sind. Und nehmen Sie ihn doch einfach mal – wenn es irgendwie möglich ist – beim Wort.

Was heißt schon gut oder schlecht im Bett…

Wundern Sie sich auch manchmal darüber, wenn Sie hören: »Der Mann ist gut im Bett« oder »Die Frau ist schlecht im Bett«? Bei aller Liebe und bei allen Untersuchungen, die in puncto Sexualität angestellt wurden, was ›gut im Bett sein‹ heißt, das wissen wir immer noch nicht. Wir werden es auch nicht erfahren, wenn wir Tausende von Menschen danach befragen. »Er sieht gut aus« oder »Sie ist schön«, das ist zwar Geschmacksache, aber so kann man durchaus von einem Menschen reden.

Er oder sie ist ›gut im Bett‹ – eine solche Feststellung dürfte eigentlich ein nachdenklicher Mensch gar nicht über die Lippen bringen. Weil ›gut im Bett sein‹ immer eine Angelegenheit von zwei Menschen ist. Jemand ist mit einem Partner ›gut im Bett‹ und mit einem anderen halt nicht.

›Gut im Bett‹, das ist keine immer gleichbleibende Fähigkeit, sondern eine sehr schwankende, variable.

Qualität im Bett ist nicht meßbar. Weil es keine allgemeingültigen Maßstäbe dafür gibt.

Ist ein Mann ›gut im Bett‹, wenn er nach dem ersten Mal gleich ein zweites Mal kann und nach einer Pause schon wieder?

Ja, wenn er eine Partnerin hat, die das gerne mag. Ein solcher Potenzprotz kann aber auch zum Schrecken der Frau werden, die nach dem ersten Mal am liebsten nur noch kuscheln und ihre Ruhe haben möchte.

Und wie ist das bei einer Frau?

Ist sie gut, wenn sie alle Handgriffe beherrscht und alle Techniken, um ihrem Partner zu höchster Lust zu verhelfen? Mancher Mann schreckt vor allzu routinierten Partnerinnen zurück. ›Gut im Bett‹ wird man nämlich nicht durch Superpotenz, durch Technik, Akrobatenkunststücke und Routine.

›Gut im Bett‹ ist, wer seinen Körper und seine Sexualität bejaht, wer seine Hemmungen ablegen kann, wer über Einfühlungsvermögen verfügt und Verständnis und Zärtlichkeit gibt. Und wer — und das ist der allerwichtigste Punkt — den richtigen Partner hat.

Frauenprobleme...

Es ist doch eine recht traurige Geschichte, daß immer häufiger die Frauen in Gesprächsrunden zugeben: »Ich weiß nicht, aber ich habe keinen rechten Spaß mehr am Sex« oder »Ich komme mit meinem Partner nicht mehr so richtig klar«. Frustrierend, aber wirklich nur auf den ersten Blick, denn Sie können etwas dagegen tun. Folgende Tips, von Sexualtherapeuten ausgearbeitet, gab eine große Frauenzeitschrift. Diese Tips können Ihnen helfen:

● »Mich stört es, daß ich so schlecht die Initiative ergreifen kann.«

Haben Sie Angst? Haben Sie Hemmungen vor der Vorstellung, Verführerin zu werden, sich als sexuelles Wesen zu erkennen zu geben? Fürchten Sie, Ihr Partner könnte Sie dann als unanständige Frau empfinden?

Versuchen Sie doch, diese Selbstzensur zu lockern, aber auch Ihre eigene Grenze zu erfahren. Den Test, sich selbst zu überprüfen, nennen die Fachleute Spiegelübungen oder Körperselbstbetrachtung. Stellen Sie sich nackt vor einen möglichst großen Spiegel und versuchen Sie sich als aktive sexuelle Frau zu sehen. Das ist ein Trick, sich mit den Augen der anderen zu sehen, die Lust von außen zu betrachten. Schon vielen Frauen hat diese Übung geholfen.

● »Ich bin nicht so oft in Stimmung wie mein Mann.«

Das geht vielen anderen Frauen auch so. Und die meisten – wahrscheinlich auch Sie – unterschätzen Ihre eigene Lust. Sie kommen ja gar nicht mehr dazu, selbst Verlangen zu entwickeln und zu sagen: »Ich will.« Ihr Mann ist Ihnen immer voraus, hat seine Wünsche schon lange vorher mehrfach und drängend angemeldet. Zwar ist es schön, sich ständig von ihm begehrt zu wissen, Sie sollten Ihrem Partner aber klarmachen, daß seine ständigen Forderungen Ihre Eigeninitiative unterdrücken. Möglicherweise ist Ihnen die Lust auch noch aus anderen Gründen vergangen. Vielleicht hat Ihr Partner Sie – sicherlich unbewußt – mit Forderungen oder Äußerungen verletzt oder verunsichert. Dann noch liebevoll miteinander umzugehen, ein Gefühl für die Liebe zu entwickeln, das ist eben einfach zuviel verlangt. Erklären Sie Ihrem Partner, warum Sie diese Barriere haben.

● »Zwischen meinem Mann und mir gibt es Spannungen. Solange wir nicht darüber reden, kann ich nicht mit ihm schlafen!«

Diese Verweigerung ist eine gesunde Reaktion. Sie beschädigen Ihre Liebe nur, wenn Sie ihm nachgeben. Beharren Sie auf einer Aussprache, und machen Sie Ihrem Partner klar, daß er das Zusammenschlafen nach einem Krach nicht als Ersatz für ein Gespräch ansehen kann. Die Versöhnung wird nur schön, wenn Sie sich vorher ausgesprochen haben.

● »Mein Mann lehnt verschiedene sexuelle Praktiken, die ich mir wünsche, ab.«

Das ist schade für Sie. Aber Sie können ihn nicht zwingen. Gespräche darüber führen auch nur zur Gefälligkeits-Sexualität. Ohne Lust ohne erotischen Reiz. Machen Sie Ihrem Mann auf keinen Fall Vorwürfe, verführen Sie ihn lieber – auch zu dem, was Sie gerne mögen. Er muß erfahren, wie schön das ist. Auch für ihn.

- »Es wird so viel von sexuellen Fantasien und Träumen geredet. Ich habe so etwas nie.«

Machen Sie sich keine Sorgen! Ob Sie sexuelle Fantasien haben oder nicht, das hat nichts mit Ihrer sexuellen Erlebnisfähigkeit zu tun. Falsch ist, anzunehmen, sie würde dadurch noch gesteigert. Dennoch bleibt Ihr Wunsch nach erotischen Träumereien bestehen. Vielleicht hilft Ihnen dabei mal erotische Literatur.

Fantasien...

Stellen Sie sich einmal vor, in den Kopf Ihres Partners oder Ihrer Partnerin ließe sich eine winzige Videokamera schmuggeln, die alle geheimen sexuellen Fantasien festhält. Was Sie dann auf dem Monitor sehen könnten, wäre vielleicht erregend für Sie, vielleicht sogar schockierend — aber es würde Ihnen eine Menge mehr über die sexuellen Wünsche des anderen verraten, als Sie jemals vorher ahnten.

Es stimmt schon, nicht alle Frauen haben Fantasie. Aber viele Frauen halten diese Fantasien für einen ganz wichtigen Bestandteil jeder sexuellen Begegnung.

Wovon Frauen träumen? Sie träumen von gutaussehenden Männern, die sie irgendwann mal getroffen haben, von Filmstars oder von Sängern. Die Fantasien gehen von wilden Orgien bis hin zur brutalen Vergewaltigung.

Und die Männer? Da Männer viel schneller und stärker als wir Frauen auf optische Reize anspringen, brauchen sie nur ein nacktes Frauenbein, einen wehenden Rock oder einen schönen Busen zu sehen, und schon sind sie in ihren Gedanken mit eben dieser Schönen in voller Aktion.

Und sie träumen, genau wie Frauen, von der Liebe zu dritt. Nur — praktiziert wird sie nicht so wahnsinnig oft, weil Männer und auch Frauen Angst vor den Konsequenzen der Liebe zu dritt haben, weil keiner seine Wünsche klar aussprechen mag und weil man niemanden kennt, der mitmachen würde. Eben alles nur Fantasie...

Fragt man nach, ob Männer und Frauen, die von anderen Partnern träumen, glücklich sind, dann ist die Antwort fast immer: »Ich bin mit meinem Partner zufrieden. Aber wenn ich solche Fantasien habe, dann bringt mich das auf Touren.«

Lange Zeit hielten die Wissenschaftler die sexuellen Fantasien für eine Art Perversion, weil sie der Meinung waren: Ein Mann soll Liebe machen, aber nicht erfinden! und die Frau soll sich ganz auf ihren Partner konzentrieren und mit ihren Gedanken nur bei ihm sein. Basta!

Heute sind die sexuellen Fantasien kein Tabu-Thema mehr. Sie sind eine Initialzündung sexueller Begierde, das sagt Professor Helmut Kentler, Sexualpsychologe in Hannover. Nur, was nützen Ihnen die schärfsten Fantasien, wenn der Partner überhaupt nicht daran teilhaben kann. Denn der Großteil der Menschen teilt seine fantastischen Vorstellungen niemals dem Partner mit, sondern behält sie für sich, als persönliches und geheimes Mittel, sich zum richtigen Moment in die richtige Stimmung zu versetzen. Ein bißchen sehr egoistisch! Überwinden Sie sich doch mal und reden Sie über Ihre Fantasien – aber gemeinsam.

Sie werden sehr schnell merken, daß das ein Aphrodisiakum ist, das eine sofortige und hundertprozentige Wirkung hat.

Schwangerschaft – ein heißes Eisen

Schwangerschaft und Sex – das ist in der Tat ein heißes Eisen! Bei aller Aufgeklärtheit stehen hier viele junge und werdende Elternpaare vor einem fast nicht zu bewältigenden Problem:

Dürfen wir oder dürfen wir nicht mehr?

Und meist sind es die Männer, die Angst vor dem Sex mit ihrer schwangeren Frau haben. Dem Kind könnte ja was passieren. Diese Meinung ist ebenso verkehrt wie die Geschichte vom Klapperstorch, der die süßen Kleinen bringt. Nicht ohne vorher die Mutter ins Bein gezwickt zu haben!

Professor Dr. Wilfried Luh, Chefarzt der Frauenklinik Links der Weser in Bremen sagt zum Thema Sex in der Schwangerschaft: »Daß man während der Schwangerschaft auf Sex verzichten muß, das ist ein Ammenmärchen und gehört der Vergangenheit an. Sex schadet weder der werdenden Mutter noch dem ungeborenen Kind. Und Männer finden in dieser Zeit ihre Frauen oft reizvoller als vorher. Die äußerste Frist, sexuellen Verkehr zu haben, ist die Zeit bis zum Blasensprung. Aus meiner Erfahrung weiß ich, daß sechs Prozent der Ehepaare noch zwei bis drei Tage vor der Entbindung miteinander schlafen. Ein Orgasmus kann ja sogar die Wehen auslösen, also hilfreich sein. Anders ist es natürlich, wenn bei einer Frau Blutungen auftreten und die Gefahr einer Frühgeburt droht. Hier sagt aber doch schon die Vernunft, daß jetzt auf sexuelle Kontakte verzichtet werden muß.«

Sie sehen also, wenn sich ein Baby angemeldet hat, dann braucht man auf sein Vergnügen im Bett nicht zu verzichten. Wenn das Bäuchlein immer runder wird, dann ist das kein Grund, in Panik zu geraten. Ich weiß das aus eigener Erfahrung! Seien Sie selbstbewußt. Ihr Mann findet Sie trotzdem schön und begehrenswert.

Sich zu verstecken, nicht mehr aus dem Haus zu gehen und wenn, dann nur in bodenlangen Wallekleidern, das ist ganz falsch. Zeigen Sie sich, seien Sie stolz! Sie sind schön − Ihr Mann und all Ihre Freunde werden Ihnen das gerne bestätigen. Das nächste Problem kommt allerdings schneller, als Ihnen lieb ist.

Welches, wollen Sie wissen?

Das ist einfach beantwortet: Ihr Kind ist geboren, alle

sind glücklich — nur der junge Papa fühlt sich total vernachlässigt, keiner kümmert sich mehr um ihn, und im Bett, da spielt sich — vorerst jedenfalls — gar nichts oder nicht viel ab.

Er kann die Welt nicht mehr verstehen! Was ist bloß mit seiner Frau passiert?

Passiert ist gar nichts. Aber — eine Frau ist nach einer Geburt gefühlsmäßig und auch körperlich einfach überfordert. Ihre ganze Liebe und die ganze Zärtlichkeit gibt sie nun dem Baby. Wenn sie mit ihm schmust, dann deckt sie ihren ganzen Bedarf an Zärtlichkeit bereits ab. Mutter und Kind sind so eine starke Einheit, daß für einen dritten überhaupt kein Platz mehr bleibt.

Auch wenn es der Vater des Kindes ist.

Das Schlimme ist, daß Frauen in dieser Zeit sehr oft von ihren eigenen Gefühlen überrascht sind. Sie sind fröhlich, gleich darauf tief traurig.

Sie können es selbst nicht richtig begreifen, daß ihre sexuellen Gefühle ihrem Mann gegenüber so gut wie erkaltet sind. Und oft wissen sie selbst nicht genau, wann sie denn nun ›wieder dürfen‹.

Hier gibt es die Faustregel — mit dem Sex so lange zu warten, bis die Frau ihre erste Periode hatte. Denn erst in der vierten bis sechsten Woche nach der Geburt beginnt sich bei einer Frau die Produktion der Sexualhormone wieder einzupendeln. Bei stillenden Müttern dauert das oft länger.

Wenn die sexuelle Lust aber nur mit der Produktion dieser Hormone zusammenhinge, würden alle Frauen gleich empfinden. Das ist aber nicht der Fall. Es gibt Frauen, die das erste Zusammensein mit ihrem Mann kaum abwarten können. Deshalb muß jede Frau für sich selbst entscheiden, wann sie wieder glücklich sein möchte und darf.

Deshalb eine Bitte an alle jungen Väter:

Versuchen Sie Ihre Frau zu verstehen. Wenn sie keine Lust auf Sex hat, dann drängen Sie sie zu nichts. Ich meine, es gibt doch genug andere Möglichkeiten, sich gegenseitig Befriedigung zu verschaffen.

Ihre Frau wird Ihnen dankbar sein, wenn Sie rücksichtsvoll sind, und hat sie sich von all ihren Strapazen richtig erholt, dann ist sie für Sie wieder die hingebungsvolle Geliebte — so wie vor der Schwangerschaft und Geburt!

Ein Kind beeinflußt die Partnerschaft — positiv...

Ich finde, wir sollten noch einen Augenblick beim Thema Kind, junge Eltern und Partnerschaft bleiben.

Denn wenn erst mal ein Kind im Haus ist, dann verändert sich die Ehe oder eine Partnerschaft von Grund auf!

Daß ein Kind einem Mann oder einer Frau so auf den Geist geht, daß er oder sie irgendwann völlig entnervt das Handtuch schmeißt und wegrennt, das kommt glücklicherweise selten vor. Aber dann war's mit der Liebe vorher auch schon nicht weit her.

Passieren kann es aber schon, daß auch sehr glückliche Beziehungen auf einmal etwas angespannt sind. Und die Gründe, die können Sie sich sicherlich vorstellen:

● Die Doppelbelastung durch Beruf und Haushalt,
● die Eifersucht, weil sich immer einer zurückgesetzt fühlt. Und da kommen dann Sätze wie: »Seit das Kind da ist, hast du keine Zeit mehr für mich.«
● Der Streß, und darunter leiden ganz besonders die Frauen. Sie beschweren sich: »Er tut nie etwas von sich aus, immer muß ich ihn erst darum bitten.«
● Die Abkühlung im Liebesleben. Das ist wieder ein Punkt, wo die Männer sich beschweren: »Will ich mal zärtlich mit meiner Frau sein, dann liegt garantiert das Kind mit in unserem Bett.«
● Krach in Erziehungsfragen — hier wird gejammert:

»Wir werden uns wahrscheinlich so lange streiten, bis das Kind endlich erwachsen ist.«

Aber all diese Reibereien sind vergessen, wenn das Kind zum erstenmal krank wird, wenn es die ersten Zähne bekommt und nächtelang brüllt, wenn es zum erstenmal hinfällt und sich das Knie blutig schlägt, wenn es versucht, Dreirad zu fahren, und es dann endlich klappt. Das sind doch die Dinge, die zusammenschmieden — eben weil man alles gemeinsam erlebt. Den Partner, und jetzt meine ich damit den Mann, sieht man auf einmal auch in einem ganz anderen Licht. Früher war er schrecklich ungeduldig, jetzt nimmt er sich stundenlang für sein Kind Zeit.

Eine junge Mutter hat mir mal in einem Interview gesagt: »Mein Mann ist im Beruf nur Mittelmaß. Und auf Frauen, da wirkt er nicht gerade unwiderstehlich. Aber als Vater, da ist er einsame Spitze. Und dafür liebe und bewundere ich ihn.« Der Satz spricht doch wirklich für sich, oder nicht? Wissen Sie, was noch passiert, wenn erst mal ein Kind da ist? Man geht mit der Drohung »Ich lasse mich scheiden!« viel vorsichtiger um. Denn wenn man jetzt den Partner verliert, dann verliert man auch das Kind. Und das kann ganz schön weh tun.

Der Anfang vom Ende

Es hilft nichts — auch darüber müssen wir reden, denn Sie haben es bestimmt auch schon erlebt: das Ende einer Beziehung, die einmal mit glühender Liebe begonnen hat.

Tränen und Drohungen, Bitten oder Betteln, das nützt nichts. Wenn eine Beziehung zu Ende ist, dann ist sie zu Ende. Nur — oft ist es so, daß Sie es gar nicht richtig merken, wenn das Ende naht. Stimmt's? Sie spüren nur in Ihrem Innersten, daß irgendwas nicht mehr stimmt. Aber das wollen Sie erst gar nicht wahrhaben.

Oder Sie stecken einfach den Kopf in den Sand und tun so, als ginge Sie das alles gar nichts an.

Tut es aber doch, denn der große Knall ist unvermeidlich, er kommt ganz bestimmt.

Was passiert, wenn Sie sich noch lange mit einer kaputten Beziehung herumquälen, das ist doch klar. Aus der Langeweile und der Gleichgültigkeit wird Haß, weil man sich auf einmal nicht mehr riechen, fühlen und verstehen kann.

Gewalt in der Partnerschaft

Eine Freundin hat mir mal gesagt, was sie empfindet, wenn ihr mittlerweile sehr ungeliebter Lebensgefährte im ›Anmarsch‹ ist: »Ich kann fühlen, daß er nach Hause kommt. Ich bekomme Atembeklemmungen und hektische rote Flecken, wenn er zur Tür reinkommt und fragt: ›Ist das Bier kaltgestellt?‹ Ich muß jetzt irgendwas unternehmen, sonst passiert noch ein Unglück.«

»Psychoterror im Ehebett«, sagt Frauke von ihrem Zusammenleben mit ihrem Mann. Sie ist davon überzeugt: »Mein Mann will mich zum Wahnsinn treiben. Jede Nacht weckt er mich. Du schnarchst, dreh dich bitte um! Ich weiß aber genau, daß ich nicht schnarche. Minuten später weckt er mich wieder und fragt mich: ›Wer ist eigentlich dieser Manfred, von dem du dauernd im Schlaf sprichst?‹ Ich kenne niemanden, der Manfred heißt. Nachts um drei klingelt plötzlich der Wecker. Er sagt nur: ›Entschuldigung, ich hab’ ihn verstellt.‹ Ich weiß, warum er das alles macht: Er hat eine Geliebte, will mich entmündigen lassen, um an mein Geld zu kommen. Dann ist er mich los und kann von meinem Geld prima leben.«

Marion hat vor dem Scheidungsanwalt folgendes gesagt: »Diese widerliche Fahne und dieses süßliche Parfüm. Er hatte sich wieder mal bei einer anderen Appetit geholt. Jetzt wollte er mich lieben. Oder was er halt darunter versteht. Ich kratzte und biß, aber das erregte ihn. Und dann konnte er nicht! Da habe ich ihn ausgelacht. Er legte beide Hände um meinen Hals. Ich dachte, jetzt erwürgt er dich, aber er drückte nicht zu. Er schlug mich mit dem Handrücken, meine Nase blutete, mein Auge war zugeschwollen. Mit diesem Mann kann ich nicht mehr im Ehebett liegen.«

Da stellt sich doch die Frage, warum bleiben eigentlich Frauen bei solchen Männern? Warum hält es eine Frau in einer Partnerschaft oder Ehe aus, in der sie vergewaltigt und geprügelt wird.

Auch hier habe ich einige traurige, aber sehr typische Antworten: »Wohin soll ich gehen? Ich habe kein Geld und keine Verwandten. Wohin soll ich also?«

»Wenn ich ihn verlasse, dann schlägt er mich tot.«

Stimmt, viele Frauen haben kein eigenes Geld und wissen nicht wohin. Aber es gibt noch einen Grund: Sie schämen sich auch zuzugeben, daß sie geschlagen werden.

Niemand soll erfahren, wie unglücklich ihre Ehe ist. Sie verstecken lieber ihre blaugeschlagenen Augen hinter dunklen Brillengläsern, als daß sie ihren Mann öffentlich anklagen! Und warum prügeln so viele Männer ihre Frauen? Dazu sagt der Diplompsychologe Dr. Hans-Peter Wolf aus Recklinghausen: »Es sind immer dieselben Gründe: Streß im Beruf, finanzielle Sorgen, Eifersucht und Alkohol. Zuerst werden die Kinder geschlagen, dann die Ehepartner, um die Aggressionen abzubauen. Leider gilt es bei vielen Männern noch als Kavaliersdelikt, seine Frau zu schlagen.«

Es ist eine traurige Tatsache, aber auch Frauen verprügeln ihre Männer! Der Berliner Rechtsanwalt Herbert Dulde sagt: »Immer mehr Männer reichen die Scheidung ein, weil sie geschlagen werden.«

Bei einem Essener Scheidungsanwalt gab sogar ein Polizist zu: »Seit zehn Jahren stecke ich Prügel ein, weil ich Angst vor der Scheidung habe. Aber jetzt ist es aus.« Seine jähzornige Frau brach ihm mit der Bratpfanne den Arm.

Und ein Rentner, immerhin schon 70 Jahre alt, ließ sich nach 46 (!) Ehejahren scheiden: »Sie hat sich einen Schlagstock gekauft, angeblich zum Schutz vor Überfällen.«

Sein ganzer Rücken war mit blauen Flecken übersät. Warum kam der Mann nicht früher zum Anwalt? Seine Antwort: »Früher, da waren wir noch glücklich. Bei Wutausbrüchen hat sie den Hund geschlagen. Aber der ist jetzt tot...«

Ärzte und Psychiater stellten fest,

● daß jede 3. Frau betrunken ist, wenn sie ihren Mann schlägt (in der Bundesrepublik gibt es fast eine Million weibliche Alkoholiker, die meisten sind 30 bis 40 Jahre alt),
● daß Frauen härter zuschlagen als Männer. 37 Prozent nehmen Aschenbecher oder Vasen, 26 Prozent beißen,
● daß Männer sich aus vielen Gründen nicht wehren: weil sie als Kind gelernt haben, daß man eine Frau nicht schlägt — weil sie sich schon im Elternhaus ›unterwerfen‹ mußten — weil sie aus Gewohnheit auch schlechte Ehen nicht aufgeben wollen.

»Frauen, die ihre Männer schlagen, werden meist mit den eigenen Problemem nicht fertig«, sagt die Hamburger Psychologin Dr. Heidrun Brauer. Sie empfiehlt: Miteinander reden, reden und nochmals reden. Nur sehr oft hilft Reden auch nicht mehr. Hier hilft wirklich nur noch eins, der direkte Weg zum Scheidungsanwalt.

Die Liebe ist vorbei — traurig aber wahr...

Große Ereignisse werfen ihre Schatten voraus.

Und so ist es auch, wenn das Ende einer Beziehung gefährlich nahegerückt ist.

Kennen Sie das Gefühl: Sie wachen morgens auf und stellen ernüchtert fest, daß die Liebe plötzlich weg ist?

Haben Sie sich nicht auch schon oft die Frage gestellt: Meine Güte, was soll ich jetzt bloß anfangen?

Waren Sie nicht auch schon todtraurig, weil Sie den Mann oder die Frau, in den oder die Sie einmal so schrecklich verliebt waren nicht mehr ertragen konnten?

Es macht Sie auf einmal rasend, wenn

- sie morgens mit Lockenwicklern herumhuscht,
- er mitten in der Nacht zärtlich wird und Lust auf Sex hat (früher war das doch immer so toll),
- sie das Badezimmer stundenlang blockiert und
- er beim Duschen regelmäßig eine mittelschwere Überschwemmung verursacht.

Wenn Sie ehrlich sind: Sie wollen das alles gar nicht mehr hören und auch nicht mehr darüber diskutieren. Denn es würde an der Situation sowieso nichts mehr ändern: Die Liebe ist futsch, die Gefühle sind weg. Das einzige, was Ihnen sicher geblieben ist, ist die absolute Gewißheit, daß Sie den Rest Ihres Lebens wirklich nicht mehr zusammen und in trauter Gemeinsamkeit verbringen wollen. Das sollten Sie auch nicht.

Abschied — wann beginnt er?

Ich kann mir schon denken — jetzt wollen Sie gerne von mir wissen, woran Sie es merken, daß es nun an der Zeit ist, sie oder ihn sausenzulassen.

Und wie das so ist mit dem Abschied.

Dazu muß ich Ihnen erst mal sagen: Ein allgemeingültiges Rezept zur ›Abschiebung oder Verabschiedung von nicht mehr geliebten Partnern‹ gibt es nicht!

Das wäre ja auch zu schön, aber auch zu langweilig und zu einfach. Eines kann ich Ihnen aber gleich vorweg sagen: Wenn der Mann sich häuslich bei Ihnen eingerichtet hat, sich bei Ihnen wohl fühlt, weil Sie so lieb sind und für ihn sorgen, dann kann es passieren, daß er die nächsten hundert Jahre noch bei Ihnen wohnt. Aber beileibe nicht aus Liebe! Die ist längst weg – er bleibt bei Ihnen, weil Sie so eine praktische Frau sind, eben immer für ihn da, wenn er Hunger hat und auch wenn er mal Lust auf Sex verspürt.

Hier kann ich Ihnen nur raten – machen Sie kurzen Prozeß und beenden Sie die ganze Angelegenheit. Er wird Sie bestimmt nicht heiraten – und einen anderen lernen Sie mit ihm im Schlepptau auch nicht kennen!

Was ich Ihnen gerade sagte, das gilt natürlich auch umgekehrt, wenn eine Frau sich bei Ihnen, meine Herren, häuslich niedergelassen hat.

Es ist überhaupt recht seltsam, da denkt man doch immer, zwei Menschen, die Monate und Jahre zusammenleben, die heiraten bestimmt. Weit gefehlt.

Mir hat erst vor kurzem ein Mann gesagt: »Eigentlich schade, aber meine Freundin und ich haben den Zeitpunkt verpaßt, aufs Standesamt zu gehen. Wenn man zu lange damit wartet, dann wird es nichts mehr. Man hat ja auch so, was man braucht.« Das ist eigentlich recht gut zu verstehen – oder? Daher mein Rat: Wenn alles zu eingefahren ist – unbedingt die Fliege machen!

Daß aber Ausnahmen die Regel bestätigen, das zeigt recht genau die Geschichte meiner Freundin Andrea:

Sie hat vor acht Jahren ihren Jürgen kennengelernt. War natürlich gleich ganz große Liebe. Ein halbes Jahr später sind sie in eine gemeinsame Wohnung gezogen. Andrea hat immer gesagt: »Heiraten kommt nicht in Frage für uns, wir wollen unsere Selbständigkeit nicht aufgeben. Wir sind auch ohne Trauschein glücklich.«

Und dann passierte etwas Merkwürdiges: Nach einer großen Party kam sie nach Hause und hat Jürgen vor die Alternative gestellt: »Entweder wir heiraten sofort, oder wir machen sofort Schluß!«

Natürlich hat Jürgen sie geheiratet.

Aber warum der plötzliche Sinneswandel? Andrea hatte schlicht und ergreifend die Nase voll davon, überall zu sagen: »Das ist mein Lebensgefährte.« oder »Das ist mein Partner.« – oder ähnlich gestelztes Zeug. Sie wollte endlich sagen können: »Darf ich Ihnen meinen Mann vorstellen!«

Bereut haben die beiden ihren so lange überlegten Schritt zum Standesamt übrigens nicht.

Abschied – wie macht man's bloß?

Aber jetzt komme ich wirklich zu der Frage: Wie merkt man, daß eine Beziehung langsam, aber sicher zerbricht?

Da muß ich noch mal auf den Seitensprung kommen.

Über Untreue bei Mann und Frau haben wir ja schon gesprochen. Nur, wenn eine Beziehung kaputtgeht, dann nimmt man doch keine oder besser gesagt nicht mehr so viel Rücksicht auf den anderen.

Aber – ein Seitensprung, von dem man auch noch erfährt, tut ganz schön weh. Und nervt!

Eine Bitte habe ich an Sie – auch in diesem Stadium Ihrer Beziehung sollten Sie sich nicht brühwarm gegenseitig erzählen, wer wann und zu wem ins Bett gehüpft ist.

Und wenn er zu Ihnen, meine Damen, sagt, daß er nun eben mal die Abwechslung braucht nach der langen und einsamen Zeit mit Ihnen, dann lassen Sie ihn um Himmels willen sausen. Auch wenn er Ihnen vorwirft, zickig oder gar altmodisch zu sein. Wenn Sie mit Ihrem Partner verheiratet sind und ein Zusammenleben aus welchen Gründen auch immer für Sie nicht mehr in Frage kommt, dann können Sie natürlich nicht mit Tricks aus dieser Verbindung herauskommen. Hier müssen Sie auf jeden Fall einen Anwalt konsultieren.

Niederträchtig finde ich es, wenn Sie – und da spreche ich Sie an, meine Damen – nur bei Ihrem Mann bleiben, weil Sie Angst vor dem Alleinsein haben oder sich davor fürchten, wieder arbeiten zu müssen, wenn er nicht mehr da ist. Seitenweise wurden Serien darüber geschrieben, wie Frauen die Ehemänner betrügen. Und auch ich habe in meinen Gesprächen mit Frauen sehr seltsame Dinge gehört.

● Karin, eine 34jährige Hausfrau aus Nürnberg, hat eiskalt gesagt: »Ich bin seit 10 Jahren verheiratet. Bei uns tut sich nicht mehr viel. Mein Mann ist viel unterwegs. Ich habe mir einen Freund zugelegt, weil ich noch Spaß im Bett will. Mein Mann hat keine Lust dazu. Er weiß es nicht. Scheiden lasse ich mich nicht, weil er mir ja ein tolles Leben bietet.«

● Doris, 30 Jahre alt und Verkäuferin in Bochum, gibt zu: »Ich bleibe noch so lange bei meinem Mann, bis ich so viel Geld zusammengespart habe, um mir eine eigene Wohnung leisten zu können, Männer, mit denen ich schlafen will, die finde ich genug in der Sauna, wo ich zweimal die Woche hingehe. Nein, scheiden lasse ich mich nie. Da würde ich ja auf meine Altersversorgung verzichten. Mit meinem Mann leben, dazu habe ich keine Lust mehr.«

● Helga, 35 Jahre alt und Sekretärin aus Hamburg, führt schon lange keine richtige Ehe mehr. Sie erzählte: »Mein Mann und ich, wir reden nicht mehr zusammen. Wenn er etwas will, dann schreibt er mir das auf einen Zettel. Ich mache es genauso. Seit zwei Jahren habe ich einen festen Freund. Aber scheiden lasse ich mich nicht, weil mein Mann und ich ein gemeinsames Haus haben. Ich verzichte nicht auf meinen Anteil.«

Ich weiß nicht, wie Sie das empfinden, aber solche Verbindungen sind alles andere als schön. Diese Frauen haben Angst vor dem Alleinsein, und sie ziehen es vor, in einer lieblosen Ehe zu bleiben und auszuhalten, anstatt endlich Schluß zu machen mit diesem Theater.

Sie sollten lieber anfangen zu lernen, für sich selbst zu sorgen!

Ich finde — und bitte, verstehen Sie mich nicht falsch, ich komme jetzt nicht mit dem erhobenen Zeigefinger —, diese Frauen sind keinen Deut besser als die Männer, die ihre Frauen betrügen, aber aus alter Gewohnheit doch zu Hause bleiben.

Eine Lösung, aus einer Ehemisere herauszukommen, sind solche Seitensprünge jedenfalls nicht.

Plötzlich ist er weg...

Es gibt Männer, die versuchen die Ehefesseln auf ganz besondere Art zu lösen.

Sie verschwinden ganz einfach — darüber kann man auch immer wieder lesen. Sie nehmen an einem beliebigen Abend oder Wochenende ihre Jacke, sagen: »Tschüß, ich geh mal schnell Zigaretten holen!« und sind auf Nimmerwiedersehen verschwunden.

Die zurückgebliebenen Ehefrauen weinen sich die Augen aus dem Kopf, bangen um sein Leben, stellen sich die fürchterlichsten Dinge vor.

Rufen alle Krankenhäuser an, es könnte ihm ja ein Unfall passiert sein. Alles umsonst, er ist einfach weg.

Wenn sie dann das nächste Mal die Kontoauszüge von der Bank kontrollieren, machen sie die nächste Entdeckkung: Der Göttergatte hat das Konto geräumt und ist auf und davon. Zuerst sind die Frauen wütend — dann machen sie sich wieder Sorgen: »Hoffentlich kommt er wieder.«

Und eines Tages kommt er tatsächlich wieder zurück. Und was passiert? Nichts! Sie nimmt ihn wieder auf, zerquetscht ein paar Freudentränen, und das ganze Spiel beginnt wieder von vorne.

Ich geb' zu, den Fall habe ich sehr überspitzt gezeichnet. Aber ich hoffe, Sie verstehen, was ich damit meinte. In so einem Fall gibt es natürlich auch nur eine einzige Lösung — das ist die sofortige Trennung!

Der Anfang vom Ende

Das Ende einer Beziehung kündigt sich natürlich nicht immer mit so einem gewaltigen Donnerschlag an.

Sie merken es an ganz normalen Dingen, an Alltagsdingen, die Ihnen sonst nie aufgefallen sind. Und wenn, dann haben Sie darüber gelächelt. Jetzt aber kommen Sie ins Grübeln, wenn folgendes passiert:

- Er kommt nach Hause, redet nicht mehr, setzt sich stumm vor den Fernseher.
- Er läuft zu Hause nur noch mit Puschen, Unterhemd und schlampigen Hosen herum.
- Er hockt den ganzen Abend im Bastelkeller.
- Er spricht nicht mehr mit Ihnen, auch nicht, wenn Sie mal ein Problem bereden wollen.
- Er zählt das Haushaltsgeld ab.
- Er kommt sehr oft betrunken heim.
- Er hockt ständig mit seinen Freunden zusammen.
- Sie gibt Ihnen kein Guten-Morgen-Küßchen mehr.
- Sie bereitet kein Abendessen mehr vor.
- Sie geht alleine ins Kino.
- Sie nimmt die Katze mit ins Bett.
- Sie hat ständig Kopfweh.
- Sie kritisiert ständig launisch und grantig herum.
- Sie räumt sofort ihre Post weg.
- Sie will keine Pläne mehr für Urlaub oder Wochenende machen.
- Sie hört auf zu telefonieren, wenn er zur Tür reinkommt.
- Er sagt nie mehr, daß er Sie liebt.
- Er dreht sich nach dem Sex einfach um und schläft ein.

Diese Liste könnte ich noch lange fortsetzen, aber Sie wissen ja selbst, welche Dinge Ihnen auf einmal komisch vorkommen. Wenn Sie nun auch noch anfangen zu streiten und sich gegenseitig Ihre Unarten vorwerfen, dann kommen Sie beide zu dem Schluß: »Das sind doch lauter ganz normale Sachen. Was ist denn bloß los?«

Los ist gar nichts – sie gehen sich auf die Nerven, das ist alles. Und das können Sie noch nicht so richtig begreifen! Als Sie sich kennenlernten, da haben Sie seine und ihre Fehler – wenn man das überhaupt so nennen kann – durch eine große rosarote Brille gesehen. Damals hatte jeder von Ihnen immer nur sein ›Sonntagsgesicht‹ – glatt, strahlend und lächelnd – gezeigt.

Im Laufe der Zeit hat das Sonntagsgesicht eben Falten und Runzeln bekommen. Keiner von Ihnen bemüht sich sonderlich, dem anderen richtig Freude zu machen. Ihr Zusammenleben ist eingefahren. Deshalb haben Sie keine Lust mehr, und deshalb ist es auch besser, sich zu trennen, bevor alles noch schlimmer wird und einer dem anderen die Koffer vor die Tür stellt. Das muß ja nun wirklich nicht sein.

Kleine Schikanen

Komisch ist es schon, aber auch verständlich: Wenn man eine Beziehung beenden möchte, dann hat man Angst, es dem anderen direkt ins Gesicht zu sagen. Mit einem Wort: Feigheit siegt. Man versucht nun ganz hinterfotzig, dem anderen zu zeigen, daß man nicht mehr will:

● Er erscheint prinzipiell immer später zu Ihren Verabredungen.
● Er riecht plötzlich nach einem anderen Duftwasser – weder nach seinem noch nach Ihrem.
● In Ihrer Wohnung liegen plötzlich Zigarillos herum.

- Auf ihrem Nachttisch stehen noch zwei Champagner-gläser.
- In seinem Bett finden Sie plötzlich Haarklammern.
- Sie tauchen plötzlich verliebt schäkernd mit einem anderen Mann oder einer anderen Frau in Ihrer Stammkneipe auf.
- In Ihrem Badezimmer steht plötzlich ein Rasierpinsel, dabei haben Sie sich immer trocken rasiert.
- Sie sprechen sie oder ihn auf einmal mit einem anderen Vornamen an.
- Sie bekommen einen Strauß rote Rosen, wenn er zufällig da ist.

Ich hoffe doch, daß Sie diese massiven ›Winke mit einem riesigen Zaunpfahl‹ richtig verstehen – und die Konsequenzen ziehen!

Einmal muß Schluß sein

Ich könnte mir vorstellen, daß Sie nach dem ganzen Hick-Hack und den unerfreulichen Streitereien endlich Ihre Ruhe haben wollen.

Jetzt ist die Zeit für den endgültigen Abschied gekommen. Berechtigte Frage: Wie stelle ich das nur an?

Zuerst müssen Sie sich noch mal genau überlegen: Wollen Sie wirklich eine endgültige Trennung? Ist es wirklich Ihr eigener Wunsch, ihn oder sie zu verlassen?

Wenn Sie sich diese Frage mit einem klaren Ja beantworten können, dann ist schon eine gute Vorarbeit geleistet. Sie können nun folgendes tun:

Ihre oder seine Koffer packen und in den Keller stellen. Sie lassen das Türschloß auswechseln und hängen einen Zettel dran: »Ich will dich nie mehr sehen. Deine Klamotten sind im Keller.«

Sie können das Fenster aufmachen und alle persönlichen Dinge von ihr oder von ihm nehmen und auf die

Straße werfen. Aber ganz ehrlich, das wäre in der Tat völlig stillos. Schließlich haben Sie doch auch eine schöne, gemeinsame Zeit zusammen verbracht. Ich finde, auch wenn eine Beziehung nicht mehr stimmt, sollte man wie zivilisierte Menschen miteinander umgehen.

Also, wenn Sie einen gemeinsamen Hausstand hatten, dann machen Sie es doch so:

Sagen Sie sich ehrlich, daß Sie die Beziehung beenden wollen. Stellen Sie ihm oder ihr eine Frist, zu der Ihre Wohnung von ihm oder ihr geräumt werden soll. Lassen Sie dem anderen aber noch so viel Zeit, daß er wirklich etwas Geeignetes finden kann. Wenn Sie gemeinsame Anschaffungen gemacht haben, dann kann es problematisch werden. Denn keiner von Ihnen will ja auf Geld verzichten. Aber bitte, nehmen Sie das Aufteilen einer Wohnung nicht so wörtlich, daß Sie mit der Axt durch die Räume eilen und alles halbieren.

Sagen Sie, woran Ihr Herz besonders hängt, und finden Sie eine Lösung: Wenn er Ihnen z. B. einmal einen hübschen Frisiertisch oder eine Kommode geschenkt hat, dann sollte er jetzt so fair sein und Ihnen diese Stükke nicht ›verkaufen‹ wollen. Na, Sie verstehen schon, was ich meine!

Wenn Sie aber die Wohnung, in der Sie gemeinsam gelebt haben, lieber still und alleine verlassen, dann machen Sie es! Warten Sie ab, bis er oder sie nicht im Haus ist. Nehmen Sie Ihre persönlichen Dinge (Bilder, Geschirr usw.) und ziehen Sie aus.

Hier ist aber zu beachten: Legen Sie unbedingt einen Abschiedszettel gut sichtbar in die Wohnung. Sonst glaubt der andere noch, die Einbrecher waren während seiner Abwesenheit da und haben alles ausgeräumt.

Wenn Sie stillschweigend die Wohnung verlassen, dann vergessen Sie nicht, den Haustürschlüssel dazulassen. Sie wollen doch nicht ernsthaft, daß Sie wegen so einer Lächerlichkeit noch mal in Kontakt kommen müssen!

Machen Sie aber nicht den Fehler, eine Wohnung im

Nachbarhaus zu beziehen. Sie oder ihn jeden Tag mit einem anderen Partner zu sehen, das zerrt ganz schön am Gemüt!!

Ich weiß schon, das hört sich alles so furchtbar einfach an, all die theoretischen Ratschläge. Die Praxis ist schon härter und schwieriger. Drum will ich Ihnen noch etwas sagen, was bei Abschiedsgesprächen niemals passieren soll: Sagen Sie nie:

● »Du liebst mich ja nicht mehr...«
● »Du willst ja nicht mehr.«
● »Du behandelst mich in letzter Zeit so miserabel.«
● »Du kümmerst dich um alles, nur nicht um mich.«

Das macht ein vernünftiges Gespräch schon vom Ansatz her kaputt. Sie erinnern sich — wir haben darüber im Thema ›Streiten, aber richtig‹ gesprochen.

Ausgesprochen dumm ist es auch, ›Schlußgespräche‹ zu führen und viel dabei zu trinken. Entweder Sie brechen dann doch in Tränen aus (obwohl Sie sich geschworen haben: niemals), oder Sie werden im Gespräch unlogisch, rechthaberisch oder gemein. Was ich damit sagen will? Ich meine, zuviel Alkohol vernebelt Ihr Gehirn, und genau das soll in dieser Situation klar bleiben.

Sie wollen doch am letzten Tag mit ihm oder ihr nicht hören,

● daß er Sie sowieso nur aufgenommen hat, weil er das Geld für die Putzfrau sparen wollte,
● daß Sie für sie nur eine Notlösung waren, weil ihr toller Freund damals schon eine Freundin hatte.

Oder finden Sie es besonders witzig, daß man sich am letzten Tag noch um die Ohren haut, daß die ganze Sache mit Bett und Sex einen so angeödet hat wie noch nichts vorher in seinem Leben?

Und ich glaube auch nicht, daß es besonders vorteilhaft ist, so lautstark Abschied zu nehmen, daß die Nachbarn akustisch daran beteiligt sind.

Wo und wie sag ich es ihm oder ihr?

Wenn Sie mit dem Freund oder der Freundin keine gemeinsame Wohnung teilten, dann ist der Abschied zwar nicht leichter, aber es geht alles unkomplizierter über die Bühne. Weil Sie nichts auseinandersortieren müssen.

Wenn das der Fall ist, dann müssen Sie zwar auch miteinander reden, aber machen Sie bitte folgendes bestimmt nicht:

● Sagen Sie ihr nicht in einem Restaurant, daß Sie sich trennen wollen. Keine Frau mag es, in aller Öffentlichkeit zu weinen.

● Sagen Sie ihr nicht vor einer Freundin, daß für Sie jetzt Schluß ist.

● Sagen Sie es ihm nicht unbedingt dann, wenn er Geburtstag hat oder gerade Weihnachten oder andere Feiertage vor der Tür stehen.

● Machen Sie auch nicht den Fehler zu sagen, daß Sie ja trotzdem immer noch die besten Freunde sein können, und bieten Sie ihr oder ihm nicht an, bei Ihrer Hochzeit unbedingt Trauzeuge zu sein!

● Verabschieden Sie sich doch so, wie Sie es sonst auch getan haben: mit einem Lächeln (auch wenn es etwas schief ausfällt) oder einem Küßchen.

Aber jetzt meine Herren, will ich Sie etwas bitten: Küssen Sie in dieser Situation eine Frau niemals auf die Stirn! Das ist doch eine Geste, wie sie bei einem Kind paßt, das ein besonders gutes Zeugnis bekommen hat. Oder man tut es, weil man mit jemandem Mitleid hat.

Eine Frau, von der Sie gerade Abschied genommen haben, kann einen Kuß auf die Stirn nicht ertragen — weil sie sich dabei als Neutrum vorkommt.

Und das will niemand sein!

Verstehen Sie das bitte!

Der Abschiedsbrief

Die einfachste Art, sich von einem Partner zu verabschieden, ist, wenn man einen Brief schreibt. Klar, da gibt es ja dann auch niemanden, der etwas dagegen sagt! Nur achten Sie darauf, der Abschiedsbrief soll nicht schwulstig sein und nicht über zig Seiten gehen. Liest niemand mehr!

Und das wichtigste ist: Passen Sie auf, daß Sie niemals etwas schreiben, was Ihnen hinterher leid tun könnte:

Ich meine damit Vorwürfe, Bittstellungen oder Rechtfertigungen. Mit einem Wort — die beste Art, sich schriftlich zu verabschieden, ist kurz und knapp.

Vielleicht aber doch ein bißchen mehr als: »Mir reicht's — drum bin ich gegangen.« Das ist wiederum zu knapp. Eines muß Ihnen nun sonnenklar sein: Sie haben unter Ihre Beziehung einen Schlußstrich gezogen und dabei soll es auch bleiben!

Endlich allein...

Jetzt haben Sie es geschafft — Sie sind wieder allein! Und wie fühlen Sie sich? Sind Sie nun wieder richtig glücklich, oder fühlen Sie sich unendlich einsam?

Wenn das der Fall sein sollte, denken Sie immer daran — auch wenn es etwas abgedroschen klingt —, kein einziger Mann der Welt ist es wert, sich seinetwegen die Augen aus dem Kopf zu heulen. Und für keine Frau der Welt rentiert es sich, sich die Leber kaputt zu trinken!

Jetzt müssen Sie neu durchstarten, Ihr Leben wieder ummodeln — so wie Sie es immer schon haben wollten.

Sie können losgehen und die Liebe wieder ganz von vorne an ganz neu auskosten!

Nur, zuerst müssen Sie etwas für sich persönlich tun:

- Kaufen Sie sich was Neues zum Anziehen,
- wechseln Sie Ihr Parfüm,
- ändern Sie Ihre Frisur,
- packen Sie alle Erinnerungsfotos und seine oder ihre Lieblingsplatten in die hinterste Ecke der Wohnung. Holen Sie diese Dinge erst wieder hervor, wenn's Ihnen wirklich wieder ganz gut geht.
- Machen Sie eine kleine Reise,
- heulen Sie sich bei Ihrer besten Freundin richtig aus — ich meine richtig —, dann ist es auch gut, und die Geschichte hat sich.
- Reden Sie sich bei Ihrem Freund den Abschiedsfrust von der Seele. Aber auch Sie, meine Herren: nur einmal! Öfter kann auch der geduldigste Mensch Ihren Seelenmüll nicht ertragen.
- Gehen Sie aus — und fangen Sie endlich wieder an zu flirten.

Das sind doch lauter Dinge, die Ihnen sehr gut über Ihren ersten schweren Abschiedsschmerz hinweghelfen können.

Ich sag' Ihnen aber auch noch, was Sie unter keinen Umständen tun dürfen:

- Vergraben Sie sich nicht in Ihren vier Wänden,
- lassen Sie sich nicht gehen,
- fangen Sie nicht an zu trinken,
- essen Sie nicht soviel Schokolade und Kekse, bis Sie platzen. Diese Pfunde werden Sie sehr schlecht wieder los.
- Sagen Sie sich nicht ständig vor, was für ein bedauernswerter Mensch Sie nun sind.
- Heulen Sie nicht nächtelang, denn das macht alt und häßlich.
- Gehen Sie nicht zu Freunden, die gerade geheiratet haben oder frisch verliebt sind. Das Herumgeturtel vor Ihren Augen macht Sie nur todtraurig.

● Rufen Sie nicht bei seiner oder ihrer Mutter an, um sich zu beklagen.

● Meiden Sie, in der ersten Zeit wenigstens, Ihre gemeinsame Stammkneipe. Denn hier laufen Sie Gefahr, den anderen möglicherweise mit einem neuen Partner zu treffen.

Wenn Sie sich ein wenig an diese Tips halten, dann werden Sie sehen, daß Sie Ihren Abschiedsschmerz recht schnell überwunden haben.

Eine faule Sache — die aufgewärmte Liebe

Stellen Sie sich bitte einmal folgendes vor:

Sie sitzen abends gemütlich in Ihrer Wohnung. Es klingelt — und draußen steht er. Mit verknittertem Gesicht und treuen Hundeaugen. Er sagt, er hätte da ein Problem, das er nur mit Ihnen besprechen kann. Weil es ja sonst niemanden gibt, der ihn so gut versteht!

Klar, die Tür vor der Nase zuknallen, das werden Sie nicht tun. Ihr Herz wird wahrscheinlich schneller schlagen, weil Sie ihn ja, auch wenn Sie es sich nicht eingestehen wollen, immer noch mögen. Vielleicht sogar lieben.

Und er, er hat natürlich gar kein Problem. Er will Sie nur sehen, bei Ihnen sein, mit Ihnen reden.

Aber seien Sie auf der Hut — einen neuen Anfang können Sie oder — besser gesagt — dürfen Sie nicht machen. Denn eine aufgewärmte Liebe ist keine gute Sache. Sie ist fad und schal, wie eine aufgewärmte Suppe.

Lassen Sie sich nicht breitschlagen und schicken Sie ihn nach Hause, bevor Sie ins Bett gehen!

Es könnte ja auch passieren, daß er immer noch so an Ihnen hängt, daß er Ihnen liebeskrank nachspioniert und plötzlich den eifersüchtigen Maxe spielt!

Er will Sie nur rumkriegen, weil er nicht alleine sein

will. Aber nicht nur Männer versuchen es, ihre alte Liebe aufzuwärmen. Wir Frauen neigen auch dazu — leider.

Monika, eine sehr gute Bekannte von mir, ist geradezu ein Paradebeispiel:

Sie ist von ihrem Freund nach zwei Jahren sehr intensiver Freundschaft verlassen worden. Gründe, warum er ging, hat er ihr nie gesagt. Er hatte anscheinend die Nase voll und wollte alleine sein. Monika hat nun einen regelrechten Feldzug gestartet. Sie war jeden Abend in seiner Stammkneipe, hat jede Frau registriert, die mit ihm gekommen ist. Sie hat ihn nachts mit Telefonanrufen bombardiert. Sie ist tagelang um sein Haus geschlichen und ist stundenlang mit ihrem Auto vor seiner Tür gestanden. Bis es ihm zu bunt wurde. Er hat sie zum Essen eingeladen und ihr dabei folgendes an den Kopf geworfen: »Merkst du eigentlich gar nicht, daß du dich total erniedrigst? Ich will nicht mehr mit dir leben. Begreif das endlich. Mit uns ist es aus!«

Das ist dann meist das bitterste Ende vom Lied, wenn man sich von einer alten Liebe nicht lösen kann.

Aber mittlerweile hat es Monika auch eingesehen und hat aufgegeben. Was Ingeborg angestellt hat, um ihren Freund Carsten zurückzubekommen, das muß ich Ihnen auch noch erzählen. Es ist aber auch keine Empfehlung zur Nachahmung!

Ingeborg und Carsten lebten fünf Jahre zusammen. Er war beruflich viel unterwegs. Ingeborg lebte derweilen lustig und vergnügt in der gemeinsamen Wohnung. Und sie hat ihn betrogen! Carsten hat alles herausbekommen und Schluß gemacht. Ingeborg hat darauf völlig hysterisch reagiert: Sie hat ihm gedroht, sich umzubringen, wenn er nicht wieder zu ihr zurückkommt. Sie hat ihn damit regelrecht erpreßt, denn zweimal hat sie Schlaftabletten geschluckt. Immer mit vorheriger Ankündigung bei ihm. Nur, mit dieser für sie sehr aufwendigen Aktion hat sie Carsten nicht zurückgewonnen — er hat sich endgültig von ihr getrennt.

Tun Sie bitte eines nicht:

Träumen Sie nicht weiter von einer gemeinsamen Zukunft mit Ihrem Ex-Partner oder Ihrer Ex-Partnerin.

Es hat keinen Zweck. Sie vertrödeln damit Ihr ganzes Leben und Ihre kostbare Zeit.

Sie verschwenden nur unnötig Ihre Energie. Sie müssen sich endlich damit abfinden, daß Ihre letzte große Liebe nun endgültig der Vergangenheit angehört.

Sie kennen doch den gescheiten Satz: Die Zeit heilt alle Wunden! Und so ist es auch. Sie müssen nur aufpassen, daß Sie das nächste Mal nicht wieder an den falschen Mann oder die verkehrte Frau geraten, dann beginnt das ganze Theater nämlich wieder von vorne.

Immer ist es der gleiche Typ, auf den Sie fliegen!

Es ist schon komisch — jeder von uns fliegt auf einen ganz bestimmten Typ Mensch.

Man findet ihn hinreißend schön und wahnsinnig erotisch! Für den einen ist es die grazile Rothaarige, für den anderen muß die Frau seines Lebens braune Haare haben und richtig mollig sein.

Eine Frau mag die Männer blond, mit blauen Augen und starken Muskeln, die andere, die bevorzugt den klassischen schwarzhaarigen Typ.

Selbst wenn jemand überzeugt ist, keine solchen Vorlieben nach äußerlichen Merkmalen zu haben, springt er oder sie immer wieder auf einen ganz bestimmten Typ Mensch an.

Wissen Sie, was daran schuld ist? Schuld an dieser mysteriösen Anziehungskraft sind die Erinnerungen und die Sinneseindrücke aus der ganz frühen Kindheit.

Wir haben damals doch alle die ersten Reize aufgenommen und gelernt, unsere Sinnesorgane zu benutzen. Diese Erlebnisse und diese Eindrücke aus der Kindheit prägen uns für das ganze Leben. Sie kennen das auch: Es gibt ganz bestimmte Körperhaltungen, eine ganz bestimmte Gestik, eine ganz bestimmte Art zu sprechen oder eine ganz bestimmte Ausstrahlung — und wir sind wie elektrisiert. All diese Dinge lösen in uns eine starke erotische Vorstellung aus. Wir sind eben von einem ganz bestimmten Menschen fasziniert! Das mag so stark zur Geltung kommen, daß wir mangels derartiger ›Schlüsselreize‹ von einem Menschen völlig unberührt bleiben. Dabei kann er schön sein wie ein junger Gott. Umgekehrt ist es völlig unbegreiflich, warum zum Beispiel einem tollen Mann angesichts einer scheinbar reizlosen Frau plötzlich alle Sicherungen durchbrennen. Aber damit jetzt kein Irrtum entsteht: Für ihn hat sie eben jene Schlüsselreize, die ihm den Kamm schwellen lassen.

Wenn Sie nun darüber nachdenken, dann wird es Ihnen ganz normal vorkommen, daß Sie immer und immer wieder auf denselben Typ Mann oder Frau fliegen.

Und genauso ist es auch in der Liebe: Hier haben sich die Psychologen lange die Köpfe zerbrochen, um schließlich zu folgendem Ergebnis zu kommen:

Jeder bekommt die Art von Liebesleben, die er sich aussucht! Wenn Sie also mit Ihren Beziehungen immer wieder auf die Nase fallen, dann haben Sie es sich ausschließlich selbst zuzuschreiben!

Sie lernen immer nur

● Männer kennen, die verheiratet sind,
● Frauen kennen, die gerade geschieden wurden und nun ständig an sich zweifeln,
● Männer kennen, die eine starke Mutter-Bindung haben,
● Frauen kennen, die in Ihnen nicht den Geliebten, sondern ständig einen Vater sehen und suchen.

Sie können also machen, was Sie wollen, irgendeinen Pferdefuß — und sei er auch noch so gut getarnt — hat Ihre Liebschaft immer! Bitte sagen Sie jetzt nicht, das ist ja kompletter Blödsinn. Das ist es nämlich nicht.

Denn die Wahl Ihrer chaotischen Liebesbeziehungen, die treffen Sie nicht bewußt, sondern unbewußt.

Und dafür gibt es viele Gründe. Einige davon sind:

- Sie haben Bindungsängste.
- Sie sind davon überzeugt, daß Sie es nicht wert sind, geliebt zu werden. Ein Mann findet das schnell heraus und läuft nach kurzer Zeit weg. Oder die Frau läuft weg, weil sie einen Mann, der so dumm ist, etwas so Wertloses wie sie zu lieben, nicht ernst nehmen kann.
- Sie suchen nach einem Mutter- oder Vater-Ersatz.
- Sie wollen Erfahrungen, die Sie in Ihrer Kindheit gemacht haben, wiederholen oder einfach fortführen.
- Und Sie möchten die Dinge, die Sie in Ihrer Kindheit versäumt haben, nachholen.

Psychologische Begründungen hin oder her, alles, was Sie tun müssen, ist, einmal in aller Ruhe über sich selbst und Ihre Beziehungen nachzudenken. Möglicherweise stellen Sie fest, daß einiges von dem, was ich Ihnen gerade gesagt habe, auf Sie zutrifft. Aber keine Panik, bitte — diese Erkenntnis ist ja schon der erste Schritt, um Ihr Liebesleben von Grund auf zu ändern. Und der nächste Schritt ist dann, wie und nach welchem Muster Sie Ihre Partnerschaften beginnen!

Eine Frage: Wie verlieben Sie sich eigentlich?

Ich weiß schon, nach den schlechten Erfahrungen, die Sie mit Ihrer alten Liebe gerade gemacht haben, geben Sie mir nun zur Antwort: »Überhaupt nicht mehr!« Und das glaube ich Ihnen nicht! Oder Sie sagen zu mir: »Blöde Frage, ich verliebe mich halt, wie jeder andere auch!« Und das ist auch nicht richtig. Denn es gibt da große Unterschiede. Ich sage Ihnen auch sofort, welche:

- Sie sind sofort Feuer und Flamme, verlieben sich Hals über Kopf! Wenn es Sie richtig gepackt hat, dann sehen Sie alles durch die berühmte rosarote Brille. Kritik ist für Sie ein Fremdwort. Was dann kommt, das wissen Sie ja schon: Die Realität sieht halt doch ganz anders aus. Wer von Ihnen beiden zuerst draufkommt, der nimmt seine Siebensachen und verschwindet. Der Abschied tut — wie könnte es auch anders sein — weh. Sie schwören — wieder mal einen Meineid —: nie wieder! Bis Sie wieder Hals über Kopf in ein neues Abenteuer hineinstolpern!

● Sie halten Distanz und machen sich rar!

Sie sind mißtrauisch, auch wenn Sie sich verliebt haben! Sie halten erst einmal mindestens eine Armlänge Distanz. Lassen Sie den anderen wirklich mal ganz an sich ran, dann schubsen Sie ihn ganz schnell wieder weg. So ganz nach dem berühmten Gummiband-Prinzip! Sie haben Angst, wieder einmal auf die Nase zu fallen! Wenn Sie sich so verhalten, dann wird's mit der großen Liebe wieder nichts, weil der andere ja nie genau weiß, was Sie eigentlich wirklich wollen!

● Verstand ist für Sie wichtiger als Gefühl!

Verliebte Gefühle machen Sie unsicher, denn Ihr Verstand sagt Ihnen ständig etwas anderes. Und dabei können Sie maßlos übertreiben. Es ist falsch, wenn man über alles, was man tut, was man denkt und was man fühlt, redet und zwar nächtelang (Da könnten Sie wirklich etwas Besseres tun!). Sich selbst und auch noch den anderen haarklein zu analysieren, das ist verkehrt. Weil Sie vor lauter Reden überhaupt nicht merken, daß die Liebe schon wieder vorbei ist. Und das ist traurig!

● Sie wollen sofort das ganze Leben verplanen!

Sie haben sich gerade erst kennengelernt — und schon zerbrechen Sie sich den Kopf. Machen Pläne, nicht nur für sich, sondern für Sie beide. Grundverkehrt! Jeder Mensch hat eine eigene Vorstellung von seinem Leben und der Form, wie er es führen will. Niemand will ständig bevormundet oder bemuttert werden. Eine Partnerschaft muß immer fließend sein. Wenn Sie nicht ganz schnell einsehen, daß Ihr ständiges Pläneschmieden keinen Sinn hat, dann endet jede Verliebtheit — und sei sie am Anfang noch so groß — im Nichts.

Also bitte, tun Sie sich selbst den Gefallen und denken Sie daran, wenn Sie sich das nächste Mal verlieben.

Ein neuer Anfang – leichter als Sie denken!

Haben Sie Ihre Gefühle jetzt wieder richtig im Griff? Sind Sie Ihre Kummerfalten wieder los? Brechen Sie nicht mehr in bittere Tränen aus, wenn Sie an Ihre verflossene Liebe denken? Dann haben Sie auch wieder fast den Mut, sich erneut ins Vergnügen zu stürzen. Ich sage ›fast‹, denn einmal müssen Sie sich noch mit Ihrer verflossenen Affäre auseinandersetzen. Ganz für sich allein. Denken Sie noch mal darüber nach,

- aus welcher Gesellschaftsschicht er oder sie stammte,
- welchen Beruf er hatte,
- was Sie fühlten, als Sie sich zum erstenmal sahen,
- welche sexuelle Beziehung Sie hatten,
- was Sie am meisten faszinierte,
- wer Schluß gemacht hat,
- was Sie am Ende der Beziehung für Gefühle hatten.

Warum Sie das alles noch mal überlegen sollen?

Ganz einfach, damit Sie endlich lernen, mit Ihren alten Gewohnheiten zu brechen, nicht mehr Ihre alten Fehler zu machen, denn sonst rasseln Sie garantiert wieder ins Unglück.

Und damit soll ja jetzt endlich Schluß sein.

Jetzt geht es wieder richtig los

Es kann ja sein, daß Sie noch gar nicht so in die vollen gehen wollten. Vielleicht wollten Sie sich erst einmal umsehen, was der ›Markt‹ so alles bietet.

Und dann passiert es: Plötzlich steht er vor Ihnen, Ihr Traummann, der Sie verwöhnt, der Sie liebt, der Sie auf Händen trägt. Oder Sie haben ganz plötzlich die Frau gefunden, die Sie so nimmt, wie Sie sind. Mit all den Makken, die Ihnen sonst immer vorgeworfen wurden.

Es ist um Sie geschehen, Sie haben sich wieder verliebt! Und diese Liebe, die wollen Sie nun festhalten – das ist ja auch nur zu gut verständlich! Kein Mensch dieser Erde wird Ihnen das zum Vorwurf machen.

Denken Sie aber daran: Erwarten Sie vom anderen nicht mehr, als Sie selbst zu geben bereit sind, und geben Sie nicht mehr, als der andere zu nehmen bereit ist.

So kompliziert, wie sich das anhört, ist es nicht, bestimmt nicht. Ich erkläre es Ihnen: Geben Sie niemandem das Gefühl, Ihnen in irgendeiner Weise verpflichtet zu sein. Das macht die Liebe kaputt. Ersticken Sie niemanden mit Ihrer Liebe. Sie wollen doch, daß der andere ohne jeden Zwang bei Ihnen bleibt. Darüber haben wir aber auch schon gesprochen. Das sollte nur noch mal eine sehr eindringliche Erinnerung sein.

Sie können viele andere Dinge tun, damit das Wesen bei Ihnen bleibt, in das Sie sich gerade unsterblich verliebt haben:

- Entwickeln Sie sich weiter, und geben Sie Ihre Persönlichkeit nicht auf!
- Bleiben Sie selbständig!
- Vergessen Sie nie, daß der Partner keine selbstverständliche Einrichtung in Ihrem Leben ist!
- Sagen Sie sich möglichst oft, daß Sie sich lieben!
- Stecken Sie ihm einen kleinen Liebesbrief in die Tasche, auch wenn Sie morgens zusammen gefrühstückt haben und sich am Abend wieder sehen!
- Bringen Sie ab und zu etwas mit! Auf den Preis kommt's nicht an, sondern auf die Geste. Ich denke da an Parfüm, Platten oder Blumen.
- Gehen Sie sich nicht gegenseitig auf die Nerven, wenn es wirklich nur um Kleinkram geht (die Glühbirne im Bad ist ausgebrannt oder so ähnliche Dinge)!
- Denken Sie immer daran, Krach muß sein! Auch bei aller Verliebtheit. Nur, schlafen Sie nie zerstritten ein, und wachen Sie nie mit neuen Streitgesprächen auf!

● Gestehen Sie ihm zu, daß er seinen Geschmack ändert! Kochen Sie nicht ständig Eintopf, nur weil er einmal gesagt hat, daß er das gerne mag.
● Wenn es sich vermeiden läßt, dann richten Sie Ihr Leben nicht nach einem genau festgelegten Zeitplan aus. Es stört die Zweisamkeit erheblich, wenn Sie jeden Samstag Punkt 10 zum Einkaufen müssen. Bleiben Sie statt dessen lieber im Bett, gehen Sie aus zum Essen, wenn Sie tatsächlich nichts mehr im Haus haben.
● Laden Sie nicht jeden Freitagabend Ihre Freunde ein!
● Sex muß nicht immer ausschließlich im Schlafzimmer sein. Auch nicht immer nur an bestimmten Tagen und zur bestimmten Zeit. Die eingefahrene Routine macht den Spaß kaputt.

Die große Liebe — gibt es die wirklich?

Da streiten sich die Geister: Die einen sagen, nein, die große Liebe gibt es nicht. Die anderen sagen, klar gibt es die große Liebe.

Ich find' auch, daß es die große Liebe gibt. Aber hier gibt es einen kleinen, einen feinen Unterschied: Es gibt die falsche und die echte große Liebe.

Was die falsche große Liebe ist, das haben wir ja alle schon hundertmal am eigenen Leib erfahren. Und weil wir ja genau wissen, daß es die echte und wahre Liebe nur ein einziges Mal im Leben eines Menschen gibt, will ich Ihnen gerne sagen, was diese wunderbare Liebe so einzigartig macht:

● Sie erpressen sich nicht gegenseitig mit dummen Drohungen.
● Sie können über wichtige und banale Dinge immer zusammen reden.
● Sie merken an einer Geste des anderen, was er gerade haben möchte.

- Sie kennen Ihre kleinen und großen Fehler ganz genau und lieben sich trotzdem.
- Sie sind gerne Partner und können nicht nur Liebe nehmen, sondern auch Liebe geben.
- Sie haben viele gemeinsame Interessen und Vorlieben.
- Sie haben gemeinsame Abneigungen.
- Sie können zusammen rumalbern und lachen.
- Sie können zusammen schweigen.
- Sie gehen Arm in Arm oder Hand in Hand und wie automatisch im Gleichschritt miteinander spazieren.
- Sie empfinden tiefe Zärtlichkeit füreinander.
- Sie fühlen sich geborgen.
- Sie haben Vertrauen zueinander.
- Sie möchten am liebsten nie mehr aufhören, sich gegenseitig zu streicheln.
- Sex wird für Sie mit der Zeit nicht langweilig. Sex wird für Sie immer schöner, auch wenn die Zeit der allerersten Leidenschaft längst vorbei ist.
- Sie können stundenlang kuscheln und schmusen.
- Sie schlafen immer in seinem Arm ein, genau an der richtigen Stelle — ohne lange danach zu suchen.
- Sie kennen genau den Geruch und die Wärme des anderen. Sie spüren dies auch, wenn Sie räumlich voneinander getrennt sind.
- Sie sind sich absolut vertraut in allem, was Sie tun.
- Sie haben keine Geheimnisse voreinander.

Sagen Sie ganz ehrlich — ist es nicht ein tolles Gefühl, wenn man diese Dinge alle gemeinsam zu zweit erlebt und ›erfühlt‹? Wenn man erst mal die große Liebe kennt, dann ist man im siebten Himmel.

Nur, um sie kennenzulernen, die große Liebe, dazu muß man sie erst mal haben. Und da kann ich Ihnen gleich sagen: Einen Menschen krampfhaft suchen, bei dem alles wirklich so ist, wie Sie es sich immer gewünscht haben, das klappt nicht. Sie müssen ihn einfach finden. Und das können Sie wiederum erst, wenn Sie genau wissen, wonach Sie Ausschau halten müssen. Wenn Sie nun allerdings nach jemanden Ausschau halten, der exakt Ihre bessere oder schlechtere Hälfte sein könnte, dann muß ich Ihnen leider sagen, Sie haben ihn nicht entdeckt − den Menschen, mit dem Sie die große Liebe erleben können.

Der Mensch, mit dem Sie die besagte große Liebe erleben werden, der ist nämlich ein ganzer, ein vollwertiger und total eigenständiger Mensch. So wie Sie es auch sein sollen − oder besser gesagt, sind.

Sie haben lange gesucht, aber doch gefunden, was Sie wollten!

Alle haben zwar immer zu Ihnen gesagt, daß Sie einmal als alleinstehender, grantiger und alter Mann enden würden. Und Sie, Sie sind so unausstehlich und pingelig, was Männer angeht, daß Sie auch nie jemanden finden, der Sie endlich heiratet. Damit die liebe Seele endlich Ruhe hat.

Klar, Sie haben nun endlich jemanden gefunden − aber nicht irgend jemanden, sondern eben Ihre große Liebe.

Und was passiert jetzt?

Jetzt werden gemeinsame Pläne geschmiedet. Ist das nicht eine herrliche Zeit und ein echtes Hochgefühl:

Sie beide sind sich einig, den Rest des Lebens nun gemeinsam zu verbringen.

Sie sprechen mit Begeisterung von Ihrer Hochzeit. Und schon ist es soweit: Sie bestellen das Aufgebot, lassen die Hochzeitseinladungen drucken und planen das Hochzeitsmenue.

Gemeinsam mit Ihrer besten Freundin überlegen Sie, welches Kleid Sie anziehen werden. Ein Kostüm fürs Standesamt? Vielleicht ganz cool in einem schönen Grau und dazu ein frecher Hut?

Und weil Sie natürlich eine Hochzeit mit allem Drum und Dran planen, steht jetzt die Frage ins Haus: Wollen Sie, so wie Sie es sich als kleines Mädchen immer vorgestellt haben, im langen weißen Kleid vor den Traualtar treten? Eventuell sogar mit einem langen Schleier? Oder wollen Sie weniger aufwendig heiraten und gehen deshalb zur Kirche, wie Sie zum Standesamt gingen?

Alles Dinge, die Sie nun in den nächsten Wochen völlig in Atem halten.

Aber eines dürfen Sie nicht machen: Hören Sie nicht mehr auf die Miesmacher, die es ja leider immer wieder gibt.

Hören Sie einfach nicht hin, wenn Ihnen ausgerechnet jetzt jemand erzählt, daß er nie mehr heiraten würde. Weil mit der Unterschrift unter die Heiratsurkunde das Leben eigentlich nur noch schrecklich ist.

Hören Sie einfach nicht hin, wenn Ihnen jemand erzählt, daß jede dritte Ehefrau beim Sex mit Ihrem Ehemann an einen anderen denkt und daß jeder zweite Ehemann fremdgeht!

Ich rate Ihnen, hören Sie einfach nicht auf solche versteckten Warnungen!

Sie haben doch längst all Ihre Erfahrungen gemacht, sind durch alle Höhen und Tiefen gegangen, die eine Partnerschaft mit sich bringt.

Also, ich frage Sie, was kann Sie eigentlich noch erschüttern? Und was kann Sie noch davon abhalten, als strahlende Braut oder stolzer Bräutigam vor den Traualtar zu treten?

Ich hoffe, ich konnte Ihnen genug erzählen und Ihnen Tips geben, wie Sie gut durch Ihr Leben zu zweit kommen.

Und ich hoffe, daß Ihre Geschichte mit Ihrer großen Liebe so ausgeht wie im Märchen. Denn da heißt es doch immer − den Originaltext ändere ich ein bißchen ab −: »Und wenn sie nicht gestorben sind, dann lieben sie sich heute noch...«